Bernhard C. Witt

IT-Sicherheit kompakt

T0240068

Edition <kes>

Herausgegeben von Peter Hohl

Mit der allgegenwärtigen Computertechnik ist auch die Bedeutung der Sicherheit von Informationen und IT-Systemen immens gestiegen. Angesichts der komplexen Materie und des schnellen Fortschritts der Informationstechnik benötigen IT-Profis dazu fundiertes und gut aufbereitetes Wissen.

Die Buchreihe Edition <kes> liefert das notwendige Know-how, fördert das Risikobewusstsein und hilft bei der Entwicklung und Umsetzung von Lösungen zur Sicherheit von IT-Systemen und ihrer Umgebung.

Herausgeber der Reihe ist Peter Hohl. Er ist darüber hinaus Herausgeber der <kes> – Die Zeitschrift für Informations-Sicherheit (s. a. www.kes.info), die seit 1985 im SecuMedia Verlag erscheint. Die <kes> behandelt alle sicherheitsrelevanten Themen von Audits über Sicherheits-Policies bis hin zu Verschlüsselung und Zugangskontrolle. Außerdem liefert sie Informationen über neue Sicherheits-Hard- und -Software sowie die einschlägige Gesetzgebung zu Multimedia und Datenschutz.

Praxis des IT-Rechts
Von Horst Speichert

IT-Sicherheit – Make or Buy
Von Marco Kleiner, Lucas Müller und Mario Köhler

Mehr IT-Sicherheit durch Pen-Tests
Von Enno Rey, Michael Thumann und Dominick Baier

Der IT Security Manager
Von Heinrich Kersten und Gerhard Klett

ITIL Security Management realisieren
Von Jochen Brunnstein

IT-Risiko-Management mit System
Von Hans-Peter Königs

IT-Sicherheit kompakt und verständlich
Von Bernhard C. Witt

www.vieweg.de

Bernhard C. Witt

IT-Sicherheit kompakt und verständlich

Eine praxisorientierte Einführung

Mit 80 Abbildungen

vieweg

Bibliografische Information Der Deutschen Nationalbibliothek
Die Deutsche Nationalbibliothek verzeichnet diese Publikation in der Deutschen Nationalbibliografie;
detaillierte bibliografische Daten sind im Internet über <http://dnb.d-nb.de> abrufbar.

Das in diesem Werk enthaltene Programm-Material ist mit keiner Verpflichtung oder Garantie irgendei-
ner Art verbunden. Der Autor übernimmt infolgedessen keine Verantwortung und wird keine daraus folgende oder sonstige Haftung übernehmen, die auf irgendeine Art aus der Benutzung dieses Programm-
Materials oder Teilen davon entsteht.

Die Wiedergabe von Gebrauchsnamen, Handelsnamen, Warenbezeichnungen usw. in diesem Werk
berechtigt auch ohne besondere Kennzeichnung nicht zu der Annahme, dass solche Namen im Sinne von
Warenzeichen- und Markenschutz-Gesetzgebung als frei zu betrachten wären und daher von jedermann
benutzt werden dürfen.

Höchste inhaltliche und technische Qualität unserer Produkte ist unser Ziel. Bei der Produktion und
Auslieferung unserer Bücher wollen wir die Umwelt schonen: Dieses Buch ist auf säurefreiem und
chlorfrei gebleichtem Papier gedruckt. Die Einschweißfolie besteht aus Polyäthylen und damit aus
organischen Grundstoffen, die weder bei der Herstellung noch bei der Verbrennung Schadstoffe
freisetzen.

1. Auflage Dezember 2006

Alle Rechte vorbehalten
© Friedr. Vieweg & Sohn Verlag | GWV Fachverlage GmbH, Wiesbaden 2006

Lektorat: Günter Schulz / Andrea Broßler

Der Vieweg Verlag ist ein Unternehmen von Springer Science+Business Media.
www.vieweg.de

Das Werk einschließlich aller seiner Teile ist urheberrechtlich geschützt. Jede
Verwertung außerhalb der engen Grenzen des Urheberrechtsgesetzes ist ohne
Zustimmung des Verlags unzulässig und strafbar. Das gilt insbesondere für
Vervielfältigungen, Übersetzungen, Mikroverfilmungen und die Einspeicherung
und Verarbeitung in elektronischen Systemen.

Konzeption und Layout des Umschlags: Ulrike Weigel, www.CorporateDesignGroup.de
Umschlagbild: Nina Faber de.sign, Wiesbaden

ISBN 978-3-8348-0140-1

Vorwort

Das vorliegende Buch "IT-Sicherheit kompakt und verständlich" basiert auf meiner Lehrveranstaltung zu den "Grundlagen des Datenschutzes und der IT-Sicherheit" im Hauptstudium der Informatik-Studiengänge bzw. dem dazugehörigen Masterprogramm an der Universität Ulm.

Meine Lehrveranstaltung wie auch dieses Buch sollen dazu befähigen, tägliche Anforderungen der Berufspraxis im Bereich der IT-Sicherheit meistern zu können. Da aktuelle Entwicklungen verschiedene zu bewältigende Aufgaben stellen, wird ein fundiertes Überblickswissen und die Kenntnis, grundlegende Methoden auf neue Probleme übertragen zu können, gefordert. Beides ist damit eine wesentliche Zielsetzung dieses Buches.

Die Grundlagen in Informationstechnik und Sicherheitsrecht verändern sich in immer kürzeren Zeitzyklen. So wurde z.B. kurz vor dem Abgabetermin vom Bundeskabinett noch eine Gesetzesvorlage zur Verschärfung des Computerstrafrechts beschlossen. Da jedoch noch unklar ist, wie das endgültige Gesetz dazu aussehen wird, wurde dies nicht mehr berücksichtigt. Das Buch ist auf aktuellem Stand, berücksichtigt etliche konkrete Erfahrungen aus der beruflichen Praxis und gewährt so einen Einblick in den Alltag eines Beraters für Datenschutz und IT-Sicherheit.

Um ein Vorhaben wie dieses Buch verwirklichen zu können, bedarf es der Unterstützung vieler Menschen, denen ich an dieser Stelle meinen Dank aussprechen möchte. Insbesondere möchte ich mich bei Holger Heimann, dem Geschäftsführer der it.sec GmbH & Co. KG, für die anregenden Fachgespräche und die Unterstützung bedanken.

Für die Unterstützung bei juristischen Fragen danke ich Rechtsanwalt Prof. Dr. Wolfram Gass.

Ohne die Geduld, konstruktive Kritik und Unterstützung meiner Frau wäre dieses Buch wohl nicht zustande gekommen. Auch für die Bearbeitung der Grafiken und die – für mich – damit verbundene Zeitersparnis möchte ich mich herzlich bei ihr bedanken.

Dieses Buch erscheint in der Edition <kes>. Mit freundlicher Genehmigung der <kes>-Redaktion wurden die bisherigen Sicherheitsstudien zur Verfügung gestellt, um einer Langfristanalyse unterzogen zu werden. Meine Ausführungen werden daher durch

Auswertungen des vorliegenden Zahlenmaterials aus den <kes>-Sicherheitsstudien ergänzt. Für die Bereitstellung des Zahlenmaterials möchte ich mich daher herzlich bei Norbert Luckhardt bedanken.

Mein besonderer Dank geht an den Vieweg-Verlag und dessen langjährigen IT-Programmleiter Dr. Reinald Klockenbusch, mit dem der genauere Zuschnitt dieses Buches besprochen wurde und der die verlagsinternen Prozesse auf den Weg gebracht hat. Das Buch bildet eine Einheit mit "Datenschutz kompakt und verständlich", das 2007 erscheint, auch wenn beide Bücher für sich gesehen vollständig und eigenständig sind.

Nicht zuletzt möchte ich mich bei den Studierenden meiner Lehrveranstaltung für die konstruktiven Diskussionen bedanken, deren Ergebnisse Eingang in dieses Buch gefunden haben.

Das Buch "IT-Sicherheit kompakt und verständlich" ist für die Praxis geschrieben, daher wird auf umfassende theoretische Herleitungen ebenso verzichtet wie auf detaillierte technische Darstellungen.

Möge es Ihnen einen Überblick über die grundlegenden Prinzipien der IT-Sicherheit bieten und Lösungsansatz für ganz konkrete Alltagsprobleme sein!

Neu-Ulm, im September 2006   Bernhard C. Witt

Inhaltsverzeichnis

1 Grundlagen der IT-Sicherheit

Mit der zunehmenden Bedeutung von IT-Systemen steigen Bedarf und Anforderungen an IT-Sicherheit. Im Folgenden soll ein Überblick über den rechtlichen Rahmen, die grundlegenden technischen Standards sowie die speziellen Anforderungen aufgrund der Eigenschaften und Entwicklung von Informationstechnik und der jeweils geltenden Unternehmensspezifika gegeben werden.

1.1 Übersicht

Um eine sinnvolle Konzeption von IT-Sicherheit erreichen zu können, muss zunächst klar sein, welche Einflussfaktoren zu beachten sind.

1.1.1 Gewährleistung der Compliance

Im Folgenden wird die Sicherheit von IT-Systemen behandelt. Dabei wird unter Sicherheit verstanden:

Definition: Sicherheit
Abwesenheit von Gefahren

IT-Systeme sind wiederum:

Definition: IT-System
Systematisch verbundene informationstechnische Komponenten.

Somit ist IT-Sicherheit also als die Abwesenheit von Gefahren bei systematisch verbundenen IT-Komponenten. Zur Gestaltung von IT-Sicherheit existieren zahlreiche Anforderungen. Ein in der Praxis oft unterschätzter Bereich ist die Compliance. Diese lässt sich wie folgt begrifflich fassen:

> **Definition: Compliance**
> Die Übereinstimmung mit festgelegten Regeln.

Zu den festgelegten Regeln zählen Gesetze, getroffene Vereinbarungen zwischen Vertragspartnern und übliche Standards, die den Stand der Technik repräsentieren.

IT-Sicherheit muss aber noch mehr berücksichtigen, denn die Interessen beteiligter Akteure ergänzen diese formalen Anforderungen.

1.1.2   Herangehensweise

Eine wesentliche Grundlage für IT-Sicherheit stellen die konkreten und zu erfüllenden **Anforderungen** dar. Diese können rechtlicher Natur sein, werden durch die Eigenschaften und Fortentwicklungen der Informationstechnik beeinflusst, entspringen beachtenswerten Standards oder resultieren aus spezifischen Eigenheiten des jeweiligen Unternehmens.

Um IT-Sicherheit zielgenau gewährleisten zu können, sind die Ziele und Prozesse eindeutig zu **definieren**. Dabei sind unterschiedliche Interessenlagen zu berücksichtigen, so dass von einer mehrseitigen IT-Sicherheit gesprochen werden kann.

Gezielte **Techniken**, mit denen Gefahren erkannt, analysiert, bewertet und schließlich vorzugsweise gebannt werden können, liefert ein Risikomanagement, das einerseits die spezifischen IT-Risiken im Blick hat und andererseits dazu beiträgt, dass die Geschäftskontinuität unterstützt wird.

Ausgehend von grundlegenden Definitionen und vorgestellten Techniken ist mehrseitige IT-Sicherheit konkret zu **konzeptionieren**. Dies hat sowohl für die grundsätzliche Architektur als auch für den laufenden Betrieb von IT-Systemen zu erfolgen.

Die Belange der IT-Sicherheit sind aber auch von denen des Datenschutzes **abzugrenzen**. Beiden Bereichen haben spezifische Sichtweisen, die in Einklang zu bringen sind, damit tatsächlich Compliance erreicht werden kann.

Schließlich sollen aktuelle Entwicklungen in einem **Ausblick** betrachtet werden, aus dem hervorgeht, welche neuen Herausforderungen existieren, die mit den vorgestellten Methoden und Konzepten dieses Buches bewältigt werden können.

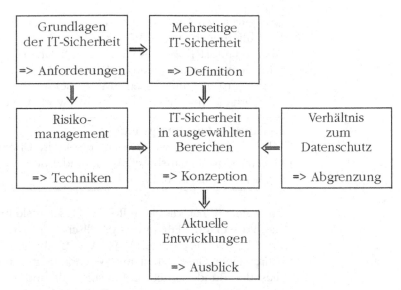

Abbildung 1: Überblick zur Herangehensweise

1.2   Rechtliche Anforderungen an IT-Sicherheit

Die rechtlichen Anforderungen an IT-Sicherheit sind vielfältiger Natur. Eine systematische Zusammenfassung einschlägiger Rechtsvorschriften zur IT-Sicherheit existiert bisher nur in rudimentärer Form. Für die Leitung eines Unternehmens sind letztlich die gesetzlich bestimmten **Sorgfaltspflichten** ausschlaggebend.

1.2.1   Sorgfaltspflicht

Abbildung 2: Überblick zur Sorgfaltspflicht

Die Geschäftsführung eines Unternehmens hat die **Sorgfalt eines ordentlichen Geschäftsmannes** anzuwenden. Dies gilt prinzipiell für alle Unternehmensformen. In allen Gesetzen zu

3

den jeweiligen Unternehmensformen finden sich entsprechende Formulierungen (vgl. § 347 Abs. 1 HGB, § 93 Abs. 1 AktG, § 43 Abs. 1 GmbHG, § 34 Abs. 1 GenG). Unter der Sorgfaltspflicht wird gemeinhin die Übereinstimmung des Handelns verantwortlicher Personen mit Gesetz und Gesellschaftsbeschlüssen sowie das Vermeiden risikoreicher Geschäftsvorfälle verstanden:

Definition: Sorgfaltspflicht
Pflicht einer verantwortlichen Person, in Übereinstimmung mit Gesetz, Gesellschaftsbeschlüssen und unter Vermeidung risikoreicher Geschäftsvorfälle zu handeln.

Im Streitfall hat die betreffende Geschäftsleitung ihre Sorgfalt **nachzuweisen**. Für Aktiengesellschaften (AGs) ist dies ausdrücklich vorgeschrieben (§ 93 Abs. 2 AktG), für den Geschäftsführer einer Gesellschaft mit beschränkter Haftung (GmbH) hat dies der Bundesgerichtshof festgestellt und lässt dies auch für eine eingetragene Genossenschaft (eG) analog zur Anwendung kommen. Für den Aufsichtsrat einer AG hat wiederum der Bundesgerichtshof entschieden, dass dieser sich davon zu überzeugen hat, dass die erforderlichen Entscheidungen zur Gefahrenabwehr durch den Vorstand getroffen wurden.

Im Zuge des Gesetzes zur Kontrolle und Transparenz im Unternehmensbereich (**KonTraG**) wurde der Vorstand einer AG angehalten, ein Überwachungssystem einzurichten, mit dem fortbestandsgefährdende Entwicklungen erkannt werden können (§ 91 Abs. 2 AktG). Diese Vorschrift dient der Umsetzung der Sorgfaltspflicht und soll (entsprechend der gesetzlichen Begründung) auf andere Gesellschaftsformen je nach Größe und Komplexität ihrer Struktur ausstrahlen. Dabei wird in der juristischen Literatur mindestens vorausgesetzt, dass sich die GmbH am Kapitalmarkt beteiligt; oft wird die Voraussetzung jedoch schon in Analogie zu § 267 HGB als gegeben gesehen.

Das im KonTraG vorgeschriebene Überwachungssystem verpflichtet ein Unternehmen zur Etablierung eines funktionstüchtigen **Risikomanagements**, das die Geschäftskontinuität (business continuity) zur Zielsetzung hat. Da die IT mittlerweile eine zentrale und vitale Komponente eines Unternehmens ist, ist jede Kapitalgesellschaft und jede Mehrpersonengesellschaft dazu angehalten, ein entsprechendes Risikomanagement zumindest hinsichtlich ihrer IT zu betreiben. Folglich gehören zum Risikomanagement für die eingesetzte Informationstechnik Fragen des

Umgangs mit Störungen (incidents), Verwundbarkeiten (vulnerabilities) und Notfällen (disaster recovery).

Unternehmen sind aus Gründen der Sorgfaltspflicht handelsrechtlich dazu angehalten, ihre Bücher nach den Grundsätzen ordnungsgemäßer Buchführung (**GoB**) zu führen (§ 238 Abs. 1 HGB). Dazu zählen insbesondere die nachweisbare Vollständigkeit und Richtigkeit der Buchführung. Die Buchungen selbst müssen klar und übersichtlich erfolgen. Die Buchführung kann anstelle der papiernen Archivierung auf Datenträgern geschehen, vorausgesetzt diese sind für die Dauer der Aufbewahrungsfrist verfügbar und können jederzeit innerhalb angemessener Frist lesbar gemacht werden (§ 239 Abs. 4 HGB).

In den Grundsätzen ordnungsgemäßer DV-gestützter Buchführungssysteme (**GoBS**) schreibt das Bundesfinanzministerium hierzu vor, dass die eingesetzte Software und die verarbeiteten Geschäftsdaten gegen Verlust gesichert und gegen unberechtigte Veränderung geschützt sind. Hier sind auch Hardware und Leitungen zu berücksichtigen (inkl. der Netzwerke). Wirksame Zugriffs- und Zugangskontrollen sind zu gewährleisten. Dem Risiko der Datenträgervernichtung ist durch geeignete Aufbewahrungsorte zu begegnen, für die generell ein ausreichender Schutz gegen Verlust durch Feuer, Temperatur, Feuchtigkeit oder Magnetfelder gewährleistet sein muss.

Wirtschaftsprüfer kontrollieren die Einhaltung dieser Vorschriften im Rahmen ihrer Abschlußprüfung. Dabei werden Risiken der IT-Infrastruktur, IT-Anwendungen und IT-gestützten Geschäftsprozesse untersucht. Das eingesetzte IT-System muss vollständig, richtig, zeitgerecht, ordentlich, nachvollziehbar und für Unbefugte unveränderlich sein. Zusätzlich hat das IT-System die Sicherheitsanforderungen der Authentizität, Autorisierung, Vertraulichkeit, Verbindlichkeit, Integrität und Verfügbarkeit zu gewährleisten (zur Bedeutung einzelner Begriffe siehe insbesondere das 2. Kapitel). Neben der Wirksamkeit von physischen Sicherungsmaßnahmen, logischen Zugriffskontrollen und Datensicherungs- und Auslagerungsverfahren werden vor allem die Maßnahmen für den Regel- und Notbetrieb sowie die Sicherung der Bereitschaft geprüft.

Natürlich hat ein Unternehmen auch ein großes Eigeninteresse an der Sicherheit seiner Unternehmensdaten, damit das **Betriebs- und Geschäftsgeheimnis** nach § 17 UWG ausreichend gewahrt bleibt. Dies erfordert wiederum Klarheit darüber, wie schutzwürdig welche Daten sind und welche Abhängigkeiten gegenüber den eingesetzten IT-Systemen bestehen. Zudem ist ein geeignetes Datensicherungskonzept umzusetzen.

Die **Datensicherung** von Unternehmensdaten auf Datenträgern ist nur dann ausreichend, wenn die Daten zuverlässig (also dauerhaft, reproduzierbar und rekonstruierbar), zeitnah (mindestens täglich eine Differenzsicherung) und umfassend (eine Vollsicherung mindestens einmal wöchentlich) gespeichert werden. Ansonsten wird nach einem Urteil des Oberlandesgerichts Hamm die erforderliche Sorgfalt verletzt.

Die Datensicherung hat zumindest für die Dauer vorgeschriebener **Aufbewahrungspflichten** zu erfolgen. Hier sind neben diversen spezialrechtlichen Vorgaben vor allem die Vorgaben aus § 257 HGB maßgeblich, nach denen bilanzrelevante Unterlagen (die eigentlichen Abschlüsse und dazugehörigen Buchungsbelege) zehn Jahre aufzubewahren sind, empfangene und abgesandte Geschäftsbriefe (inkl. dienstlicher E-Mails!) immerhin sechs Jahre.

Für steuerlich relevante Aufzeichnungen sind darüber hinaus die §§ 145-147 AO zu beachten. Im Rahmen der steuerlichen Finanzprüfung darf das Finanzamt hierauf zugreifen, so dass die vom Bundesfinanzministerium erlassenen Grundsätze zum Datenzugriff und zur Prüfbarkeit digitaler Unterlagen (**GDPdU**) zum Tragen kommen. Danach ist dem Finanzamt der direkte Zugriff auf die entsprechenden Unterlagen (hierzu gehören teilweise auch E-Mails!) in einer geschützten Umgebung zu ermöglichen. Dies erfordert eine Separierung dieser Daten und die Sicherstellung, dass nur für den vereinbarten Zeitrahmen der Zugriff auf diese Daten möglich ist, ohne diese modifizieren zu können. Bei elektronischen Abrechnungen muss zudem der Originalzustand des gescannten Dokuments jederzeit überprüfbar sein (§ 14 Abs. 4 UStG).

1.2.2   Datenschutz

Datenschutz

TO DO:
- Schutz
  personenbezogener
  Daten
- Protokollierung
- Kontrollen

Abbildung 3: Überblick zum Datenschutz

Sobald mit der eingesetzten Informationstechnik **personenbezogene Daten** erhoben, verarbeitet oder genutzt werden, greifen datenschutzrechtliche Bestimmungen. Für Unternehmen stehen diese überwiegend im BDSG, doch wurden für zahlreiche Spezialfälle (z.B. für Personaldatenverarbeitungen) Regelungen in anderen Gesetzen formuliert, die vorrangig anzuwenden sind (Subsidiaritätsprinzip). Dies gilt auch für den Fall, dass die spezialrechtlichen Vorgaben nicht den kompletten Sachverhalt aus der betreffenden BDSG-Regelung überschreiben. Betriebsvereinbarungen gelten ebenfalls als solche spezialrechtlichen Vorgaben.

Unter **Datenschutz** ist nach § 1 Abs. 1 BDSG zu verstehen:

Definition: Datenschutz
Schutz des Einzelnen vor Beeinträchtigung seines Persönlichkeitsrechts beim Umgang mit seinen personenbezogenen Daten.

Die Betroffenen genießen aufgrund des Volkszählungsurteils des Bundesverfassungsgerichts ein **informationelles Selbstbestimmungsrecht**, d.h. sie dürfen grundsätzlich selbst über die Preisgabe und Verwendung ihrer personenbezogenen Daten bestimmen. In dieses informationelle Selbstbestimmungsrecht darf nur auf der Basis einer Rechtsgrundlage eingegriffen werden (Verbot mit Erlaubnisvorbehalt). Andernfalls stellt die Erhebung, Verarbeitung oder Nutzung personenbezogener Daten ein Verstoß gegen geltende Datenschutzbestimmungen dar. Insofern hat ein Unternehmen darauf zu achten, dass jedes Erheben, Verarbeiten oder Nutzen personenbezogener Daten auf der Basis einer konkret vorliegenden Rechtsgrundlage (gesetzliche Vorschrift, Vertragsverhältnis, vertragsähnliches Vertrauensverhältnis oder Einwilligung des Betroffenen) erfolgt.

Die innerbetriebliche Organisation ist dabei so zu gestalten, dass sie den besonderen Anforderungen des Datenschutzes gerecht wird. Aus diesem Grund ist, wenn die Anforderungen aus dem 2006 modifizierten § 4f Abs. 1 BDSG erfüllt sind, ein **Datenschutzbeauftragter** bei nicht-öffentlichen Stellen wie Unternehmen zu bestellen. Dieser wirkt auf die Einhaltung datenschutzrechtlicher Vorschriften hin und besitzt hierzu ein umfassendes Kontrollrecht. Wenn eine Aufsichtsbehörde gravierende datenschutzrechtliche Mißstände feststellt, kann sie sogar die Datenverarbeitung untersagen (§ 38 Abs. 5 BDSG).

Bei jeder Erhebung und Verarbeitung personenbezogener Daten ist anzugeben, zu welchem konkreten Zweck sie erfolgt (§ 28 Abs. 1 BDSG) und wann die Daten wieder gelöscht werden, sofern dies nicht unmittelbar aus gesetzlichen oder vertraglichen Verpflichtungen resultiert. Die erhobenen Daten sind zu löschen, wenn ihre Speicherung für den vorgesehenen Zweck nicht mehr erforderlich ist (§ 35 Abs. 2 Nr. 3 BDSG). Bei der Erhebung, Verarbeitung oder Nutzung besteht eine enge **Zweckbindung**. Dies hat direkte Folgen für die Gestaltung der IT-Systeme.

Jedes Unternehmen hat nach § 9 BDSG angemessene **technische und organisatorische Maßnahmen** zur Einhaltung des Datenschutzes zu ergreifen. Diese sind meist auch gut für andere Aspekte der IT-Sicherheit verwendbar. Je nach Art der zu schützenden personenbezogenen Daten oder Datenkategorien ist Unbefugten der Zutritt, Zugang und Zugriff zu verwehren. Auch muss nachträglich festgestellt und überprüft werden können, wer auf personenbezogene Daten in Datenverarbeitungssystemen zugegriffen hat. Dies hat jeweils personenbezogene Protokolldaten zur Folge. Es ist zudem sicherzustellen, dass zu unterschiedlichen Zwecken erhobene Daten getrennt verarbeitet werden können, bei der elektronischen Übertragung der Datenschutz gewahrt bleibt und Auftragnehmer weisungsgebunden arbeiten. Die gespeicherten personenbezogenen Daten (und damit zugleich die hierzu benötigten Datenverarbeitungsanlagen) sind gegen zufällige Zerstörung oder Verlust zu schützen.

Neben etwaigen Restriktionen werden in der Anlage zu § 9 BDSG vielfache Vorschriften zur **Protokollierung** formuliert (s.o.), die dazu beitragen sollen, dass das betreffende Unternehmen den ordnungsgemäßen Betriebs der eingesetzten Datenverarbeitungsanlagen nachweisen kann. Diese Protokolle unterliegen allerdings einer strengen Zweckbindung nach § 31 BDSG und dienen vor allem der Beweissicherung in Missbrauchsfällen.

Werden **besondere Arten personenbezogener Daten** erhoben, verarbeitet oder genutzt (etwa Gesundheitsdaten, Religionszugehörigkeiten oder politische Meinungsäußerungen) oder findet eine **Leistungs- bzw. Verhaltenskontrolle** von Betroffenen statt gelten verschärfte Datenschutzbestimmungen. Dann ist im Zweifel darzulegen, warum eine entsprechende technische oder organisatorische Maßnahme nicht ergriffen wurde und vorab eine Kontrolle durch den Datenschutzbeauftragten durchzuführen. Hier ist ferner der Grundsatz der Datensparsamkeit nach § 3a BDSG in verstärktem Maße zu beachten.

Die mit der Datenverarbeitung personenbezogener Daten beschäftigten Personen sind nach § 5 BDSG auf das **Datengeheimnis** zu verpflichten. Das Datengeheimnis tritt zusätzlich neben etwaige Berufs- oder Amtsgeheimnisse (z.B. solcher, die durch § 203 StGB geschützt sind).

1.2.3

Schutz des Fernmeldegeheimnisses

Fernmeldegeheimnis

TO DO:
- reduzierte Protokollierung
- Schutz vor Störungen
- Impressum

Abbildung 4: Übersicht zum Fernmeldegeheimnis

Eng verknüpft mit dem Datenschutz ist die Gewährleistung des Fernmeldegeheimnisses, das durch Art. 10 Abs. 1 GG abgesichert ist. Fernmelderechtliche Bestimmungen sind gegenüber datenschutzrechtlichen nach § 1 Abs. 3 BDSG vorrangig (Subsidiaritätsprinzip).

Näher ausformuliert ist schließlich in § 88 TKG, was unter dem Fernmeldegeheimnis zu verstehen ist:

Definition: Fernmeldegeheimnis
Schutz der Inhalte einer Telekommunikation und der zugehörigen Verbindungsdaten.

Ob ein Unternehmen das durch § 88 TKG geschützte Fernmeldegeheimnis zu beachten hat, hängt maßgeblich davon ab, ob die

Nutzung der **elektronischen Kommunikationsmedien** (Web, E-Mail, Internettelefonie) dienstlich bedingt oder privat erfolgt. Grundsätzlich ist davon auszugehen, dass die private Nutzung der elektronischen Kommunikationsmedien durch die Mitarbeiter nicht erlaubt ist und selbst bei Gestattung oder Duldung nur im angemessenen zeitlichen Umfang während der Arbeitszeit erfolgen darf (entsprechend einem Urteil des Bundesarbeitsgerichts).

Über den Einsatz und die Nutzung seiner Arbeitsmittel, zu denen auch die bereitgestellten elektronischen Kommunikationsmedien gehören, bestimmt der Arbeitgeber und darf dies (unter Beachtung der ggf. relevanten betriebsverfassungsrechtlichen Bestimmungen) zur Kostenkontrolle und zur Optimierung der Telekommunikationsanlagen überwachen). Die hierzu vorgenommenen Maßnahmen müssen aber zweckmäßig und verhältnismäßig sowie den Arbeitnehmern bekannt sein. Eine vollständige Überwachung oder Aufzeichnung ist unzulässig. Bei rein **dienstlicher Nutzung** ist das Fernmeldegeheimnis irrelevant.

Ist hingegen eine **private Nutzung** gestattet oder geduldet, wird der Arbeitgeber zum Telediensteanbieter und Provider. Dann muss er die Vorschriften aus TKG, TDG und TDDSG (bzw. MDStV) neben dem BDSG beachten, das unabhängig von Verbot oder Erlaubnis privater Nutzung maßgeblich ist. Das Unternehmen hat neben den allgemeinen Informationspflichten nach § 6 TDG insbesondere die erforderlichen technischen und organisatorischen Vorkehrungen nach § 4 TDDSG vorzunehmen (für Mediendienste gelten entsprechend die §§ 10 und 18 MDStV).

Das **Fernmeldegeheimnis** betrifft nicht nur den Inhalt der Kommunikation, sondern auch die Verbindungsdaten. Deshalb sind bei Gestattung oder Duldung der Privatnutzung auf der Grundlage von § 88 Abs. 3 TKG die Einsichtnahme in übermittelte Inhalte wie auch die für eine Beweisführung erforderliche, detaillierte Protokollierung der Kommunikationsbeziehungen nur mit starken Einschränkungen möglich.

Der Abruf und die Verbreitung beleidigender, rassistischer, sexistischer, gewaltverherrlichender oder pornographischer Inhalte sind unabhängig von Verbot oder Gestattung/Duldung der privaten Nutzung elektronischer Kommunikationsmedien ebenso untersagt, wie ein Verstoß gegen persönlichkeitsrechtliche, urheberrechtliche oder strafrechtliche Bestimmungen. Hier darf der Arbeitgeber in jedem Fall entsprechende **Grenzen** ziehen und die Einhaltung auch kontrollieren. Wenn ein begründeter Verdacht für strafbare Handlungen vorliegt, darf selbst in den Schutz durch das Fernmeldegeheimnis eingegriffen werden.

Das Fernmeldegeheimnis kommt auch im Fall einer Duldung im Sinne einer **betrieblichen Übung** zur Anwendung, die vorliegt, wenn ein vom Arbeitgeber ausgesprochenes Verbot nicht regelmäßig unter Androhung von Konsequenzen (stichprobenartig) kontrolliert wird und diese Duldung dauerhaft erfolgt. Zu einer Duldung privater Nutzung kommt es jedoch nicht bei der zwingend zu gewährenden, dienstlich bedingten Kommunikation in privaten Angelegenheiten, die nur während der Arbeitszeit erledigt werden kann (z.B. Vereinbarung von Arztterminen, Kontakt zu öffentlichen Stellen, Mitteilung einer Verspätung).

Letztlich hat ein Unternehmen unabhängig von der Frage, ob das Fernmeldegeheimnis nun zu beachten ist oder nicht, beim Betrieb einer Telekommunikationsanlage geeignete Maßnahmen auf der Grundlage von § 100 Abs. 1 TKG zur Erkennung, Eingrenzung und Beseitigung von **Störungen** und Fehlern an Telekommunikationsanlagen bzw. nach § 107 Abs. 2 TKG zur Vermeidung von Fehlübermittlungen und unbefugtem Offenbaren zu ergreifen. Deshalb ist es dem Unternehmen gestattet, entsprechende Analysen des Netzwerktraffics vorzunehmen und damit ungewöhnliche Datenströme oder ungewöhnlich hohe Datenvolumina festzustellen.

Virenverseuchte E-Mails können unter Ausnutzung von § 109 Abs. 1 Nr. 2 TKG (Schutz der Telekommunikations- und Datenverarbeitungssysteme gegen unerlaubte Zugriffe) bzw. unter Rückgriff auf § 34 StGB (rechtfertigender Notstand unter Abwägung der Schutzinteressen einerseits und der Angemessenheit der Mittel andererseits) mittels Ausfilterung abgewehrt werden.

Bei fernmeldegeheimnisgeschützten E-Mail- und Internettelefoniediensten (VoIP) bzw. bei der Zugangsbereitstellung zum Internet dürfen die angewählte **IP-Adresse** nicht mitprotokolliert werden. Diese ist als personenbezogenes Datum anzusehen, da i.d.R. mit vertretbarem Aufwand an Zeit, Kosten oder Arbeitskraft der Personenbezug herstellbar ist. Dies ist vor allem dann der Fall, wenn ein bestimmter Rechner immer vom gleichen Betroffenen genutzt wird (oder wenn der Betroffene über eine eigene Domain verfügt). Im Zusammenspiel mit anderen im Unternehmen gespeicherten personenbezogenen Daten, etwa im Rahmen der Zutritts- und Zugangskontrolle und der Arbeitszeiterfassung bzw. der Firewall-/Proxy-Protokollierung können u.U. auch dynamisch vergebene IP-Adressen bestimmbar sein. Eine differenzierte Behandlung von statischen gegenüber dynamischen bzw. von personenbezogenen gegenüber anonymisierten IP-Adressen ist i.A. aufgrund der jeweiligen Einzelfallprüfung zu aufwändig.

Die **Verbindungsdaten** sind als personenbezogene Daten anzusehen und unterliegen der informationellen Selbstbestimmung (nach einem Urteil des Bundesverfassungsgerichts). Als personenbezogene Verbindungsdaten dürfen (in Anlehnung an ein Urteil des Bundesarbeitsgerichts) somit längerfristig allenfalls Beginn und Ende einer Telekommunikations-Verbindung (Event-Logs) und die dadurch verursachten Kosten im Sinne der Datensparsamkeit nach § 3a BDSG mitprotokolliert werden. Die kompletten Verkehrsdaten (also inkl. IP-Adressen) sind nach § 96 Abs. 2 TKG unverzüglich zu löschen, sofern sie nicht zum Zweck des Aufbaus weiterer Verbindungen oder zur Abwehr eines konkret vorliegenden Anfangsverdachts von Missbrauch über einen längeren Zeitraum benötigt werden.

Die **Log-Daten** selbst stellen wiederum personenbezogene Nutzungsdaten im Sinne von § 6 TDDSG (bzw. § 19 Abs. 2 MDStV) dar. Da diese keine Abrechnungsdaten sind, wenn die Nutzung des Teledienstes Internet nicht den Mitarbeitern in Rechnung gestellt wird, sind sie auf der Grundlage von § 4 Abs. 4 Ziffer 2 TDDSG (bzw. § 18 Abs. 4 Ziffer 2 MDStV) unmittelbar nach Beendigung der Nutzung des aufgerufenen Teledienstes (bzw. Mediendienstes) zu löschen.

Einschränkungen gelten zudem, wenn der Beschäftigte (in Anlehnung ein Urteil des Bundesarbeitsgerichts) gegenüber seinem Kontaktpartner zur **Geheimhaltung** nach § 203 StGB **verpflichtet** ist (dazu zählen u.a. Ärzte, Psychologen, Rechtsanwälte, Steuerberater, Wirtschaftsprüfer). Diese Verbindungsdaten dürfen nicht aufgezeichnet werden. Analog wird auf Grund von § 4f Abs. 4 BDSG zu verfahren sein, wenn es um die Kontaktierung des Datenschutzbeauftragten durch einen Betroffenen geht, der seine Beschwerde vorbringt.

1.2.4   **Haftungs-, Ordnungs- und Strafrecht**

Abbildung 5: Übersicht zum Sanktionsrecht

Die handelsrechtlichen, datenschutzrechtlichen und kommunikationsrechtlichen Anforderungen werden schließlich durch ein umfangreiches Haftungs-, Ordnungs- und Strafrecht flankiert, das Zuwiderhandlungen wirksam sanktioniert. Die **Folgen schuldhafter Vergehen** gegen rechtliche Anforderungen sind:

- zivilrechtlich vor allem Schadensersatzforderungen (vornehmlich nach den §§ 280, 823 und 1004 BGB), die sich aus dem Haftungsrecht ergeben,

- ordnungsrechtlich (durchaus hohen) Bußgelder oder Gewinnabschöpfungen sowie

- strafrechtlich Geld- oder Haftstrafen.

Die Verantwortlichen eines Unternehmens trifft bei Vorsatz und Fahrlässigkeit ein **Verschulden** bei Nichteinhaltung rechtlicher Verpflichtungen gegenüber Dritten (§ 276 Abs. 1 BGB). Fahrlässig handelt, wer die im Geschäftsverkehr erforderliche Sorgfalt außer Acht lässt (§ 276 Abs. 2 BGB). In eigenen Angelegenheiten besteht ab grober Fahrlässigkeit eine Haftungsverpflichtung (§ 277 BGB). Entscheidend ist allerdings, wie hoch der Grad des Mitverschuldens zu bewerten ist (§ 254 Abs. 1 BGB). Hier wurde vom Bundesarbeitsgericht im Rahmen der Arbeitnehmerhaftung bei betrieblich veranlassten Tätigkeiten eine Beschränkung der Schadensersatzverpflichtung nach Verschuldensgrad und Betriebsrisiko vorgenommen.

Gegenüber Dritten hat ein Unternehmen gerade beim Einsatz der Informationstechnik Maßnahmen zu ergreifen, die im Rahmen des wirtschaftlich Zumutbaren geeignet sind, Gefahren von anderen abzuwenden. Dies entspricht den sogenannten **Verkehrssicherungspflichten**. Das Unternehmen selbst hat Sicherungsmaßnahmen zu treffen, die dem **Stand der Technik** entsprechen (in Folge eines Urteils des Oberlandesgerichts Hamm).

Darüber hinaus muss das Unternehmen zumindest in hinreichender Weise **strafrechtlich relevante Angriffe** erkennen und abwehren können. Aus Sicht der Informationstechnik zählen dazu (Stand: 1. September 2006):

- die Verletzung der Vertraulichkeit des Wortes (§ 201 StGB),

- die Verletzung des höchstpersönlichen Lebensbereichs durch Bildaufnahmen (§ 201a StGB),

- die Verletzung des Briefgeheimnisses (§ 202 StGB),

- das Ausspähen von Daten (§ 202a StGB),

- die Verletzung von Privatgeheimnissen (§ 203 StGB),

- die Verletzung des Post- oder Fernmeldegeheimnisses (§ 206 StGB),

- der Computerbetrug (§ 263a StGB),

- die Urkundenfälschung (§ 267 StGB),

- die Fälschung technischer Aufzeichnungen (§ 268 StGB),

- die Fälschung beweiserheblicher Aufzeichnungen (§ 269 StGB),

- die Täuschung im Rechtsverkehr bei Datenverarbeitung (§ 270 StGB),

- die mittelbare Falschbeurkundung (§ 271 StGB),

- die Urkundenunterdrückung (§274 StGB),

- die Datenveränderung (§ 303a StGB),

- die Computersabotage (§ 303b StGB),

- die Zerstörung wichtiger Arbeitsmittel (§ 305a StGB) und

- die Störung von Telekommunikationsanlagen (§ 317 StGB).

Hinsichtlich der zu schützenden (i.d.R. vermögensrechtlichen oder ggf. personenbezogenen) **Daten** nach § 202a StGB ist zu beachten, dass darunter ein Schutz durch verschlossene Behältnisse (wie etwa Datenschränke), Passwörter oder Verschlüsselungen verstanden wird, um die besondere Sicherung gegen unberechtigten Zugang ausreichend gewährleisten zu können. Die rechtswidrige Manipulation (Löschung, Unterdrückung, Unbrauchbarmachung oder Veränderung) dieser Daten ist nach § 303a StGB unter Strafe gestellt.

Eine Unterdrückung von **E-Mails** stellt ein Verstoß gegen § 206 StGB dar (festgestellt vom Oberlandesgericht Karlsruhe), was einigen Zusatzaufwand zur Abwehr unerwünschter und massenhaft versandter E-Mails (SPAM) zur Folge hat.

Bei **Providern** ist zu unterscheiden zwischen Service-Providern, die den Nutzern die Inanspruchnahme angebotener Dienste (wahlweise Teledienste mit Individualkommunikation oder an die Allgemeinheit gerichtete Mediendienste) ermöglichen, und Access-Providern, die den Nutzern lediglich den (dienste-unabhängigen) Zugang zum Internet ermöglichen (und somit nur als Telekommunikationsdienstleister anzusehen sind). Eine spezielle Form des Service-Providers stellt der Host-Provider (im Gegensatz zum Content-Provider, der selbst für den angebotenen Inhalt verantwortlich ist) dar. Dies hat unterschiedliche Haftungsregeln zur Folge.

Kommt das TDG zur Anwendung, so sind folgende Ausnahmen allgemeiner Haftungsregeln (**Haftungsprivilegierungen**) für den jeweiligen Provider von entscheidender Bedeutung:

- Nach § 9 TDG ist die reine Weiterleitung von E-Mails bzw. die Zugangsbereitstellung zum Internet (Access Providing) haftungsprivilegiert, sofern die Übermittlung nicht durch den Provider veranlasst und die Adressaten bzw. zu übermittelnden Inhalte nicht durch den Provider ausgewählt werden. Hier wird die Haftung auf fernmelde- bzw. datenschutzrechtliche Belange beschränkt. Voraussetzung ist, dass eine etwaige Zwischenspeicherung nur so lange erfolgt, bis die Übermittlung abgeschlossen ist. Für Mediendienste gilt entsprechend § 7 MDStV.

- Die Zwischenspeicherung von häufig genutzten Inhalten im Rahmen eines Caching- oder Mirror-Verfahrens unterliegt dagegen der Haftungsprivilegierung nach § 10 TDG, doch muss hier der Provider unverzüglich handeln, sobald er Kenntnis davon erhält, dass eine Entfernung oder Sperrung angeordnet oder die Inhalte am ursprünglichen Ausgangsort entfernt bzw. der Zugang zu diesen gesperrt wurde. Auch greift hier bei der Erhebung, Verarbeitung oder Nutzung personenbezogener Daten die Verpflichtung zur Datensparsamkeit nach § 3a BDSG. Für Mediendienste gilt entsprechend § 8 MDStV.

- Die dauerhafte Speicherung von Inhalten für die Nutzer ist nur dann nach § 11 TDG haftungsprivilegiert, wenn der Host-Provider keine Kenntnis einer rechtswidrigen Handlung hat, bei Bekanntwerden der Rechtswidrigkeit unverzüglich den Inhalt entfernt oder den Zugang hierzu gesperrt hat und der Nutzer nicht dem Diensteanbieter untersteht oder von ihm beaufsichtigt wird. Dabei wird von einer positiven Kenntnis (nach einem Urteil des Landgerichts Berlin) bzw. einer grob fahrlässigen Unkenntnis der Rechtswidrigkeit ausgegangen. Für Mediendienste gilt entsprechend § 9 MDStV.

Datenschutzrechtlich sind für Unternehmen haftungs-, ordnungs- bzw. strafrechtlich ebenfalls relevant:

- der Schadensersatz (§ 7 BDSG),

- die Bußgeldvorschriften (§ 43 BDSG) und

- die Strafvorschriften (§ 44 BDSG).

Ferner sind **urheberrechtliche** Bestimmungen zu beachten, andernfalls drohen Ansprüche auf Unterlassung bzw. Schadensersatz nach § 97 UrhG oder gar strafrechtliche Konsequenzen nach § 106 UrhG nach sich ziehen. Der Inhaber eines Unternehmens hat die Nutzung von Raubkopien durch Mitarbeiter gegen sich gelten zu lassen (§ 100 UrhG).

1.3   Informationstechnische Anforderungen an IT-Sicherheit

Leider werden in den rechtlichen Vorschriften Begriffe häufig nicht so definiert und verwendet, wie dies den entsprechenden Fachdefinitionen in der Informationstechnik entspräche. Dies erschwert nicht unerheblich den Dialog zwischen den beteiligten Disziplinen. Daraus ergibt sich, dass z.B. definiert werden muss, was unter Informationen zu verstehen sind. Die rasante technische Entwicklung führt zu konkreten Anforderungen an IT-Sicherheit. Unternehmen sind dabei zunehmend informationstechnischen Bedrohungen ausgesetzt.

1.3.1   Informationen

Der "Rohstoff", mit dem man es bei der Informationstechnik zu tun hat, weist einige ungewöhnlichen Eigenschaften auf, die es gerade bei den rechtlichen Anforderungen so schwer machen, diesen geeignet in das übliche Regelwerk einbinden zu können.

Zunächst ist dieser Begriff informationstechnisch zu unterscheiden von dem der Daten. Die DIN 44300 definiert **Daten** als "Gebilde aus Zeichen oder kontinuierlichen Funktionen, die aufgrund bekannter oder unterstellter Abmachungen Informationen darstellen, vorrangig zum Zwecke der Verarbeitung und als deren Ergebnis"; die ISO/IEC 2382-1 dagegen als "a reinterpretable representation of information in a formalized manner, suitable for communication, interpretation or processing". Zeichen werden also erst zu Daten, wenn sie interpretiert werden.

Daher sind Daten als kontextfreie Angaben anzusehen, die auf Zeichen bzw. Signalen basieren und somit informationstechnisch auf Rechnern dargestellt werden können. Während elektronischer Übertragungen werden diese wieder auf ihre Grundbausteine (übersetzt in Bytes) reduziert. In den jeweiligen Rechtsnormen werden "Daten" sowie "Informationen" bereits mit einem spezifischen Kontext versehen, was der informationstechnischen Definition damit widerspricht. Für die weitere Darstellung wird daher auf die informationstechnische Definition zurückgegriffen.

Definition: Daten
Daten sind kontextfreie Angaben, die aus interpretierten Zeichen bzw. Signalen bestehen.

Noch schwieriger in der Abgrenzung fällt die Definition der **Informationen** aus. Im Wesentlichen konkurrieren in der Informatik folgende Definitionen:

- Etymologie: Botschaft (griechisch), Unterricht (lateinisch)

- Semiotik: Zeichenlehre (Syntax, Semantik, Pragmatik)

- Shannon, Weaver und Wiener: Maß für Nachrichtenübertragung (Entropie)

- DIN 44300: "Kenntnisse über Sachverhalte und Vorgänge"

- ISO/IEC 2382-1: "knowledge concerning objects, such as facts, events, things, processes or ideas, including concepts, that within a certain context has a particular meaning"

Aus den Daten werden also Informationen, wenn sie aufgrund getroffener Vereinbarungen eine Bedeutung erhalten. Diese Vereinbarungen können als Kontext angesehen werden und werden technisch durch Protokolle realisiert. Die Bedeutung führt bei der interpretierenden Institution (i.d.R. ein Mensch) zu Erkenntnisgewinn, der sich u.U. erst im Rahmen eines Prozesses einstellt.

Definition: Informationen
Informationen sind Daten, die (i.d.R. durch den Menschen) kontextbezogen interpretiert werden und (insbesondere prozesshaft) zu Erkenntnisgewinn führen.

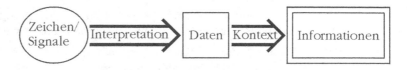

Beispiel:

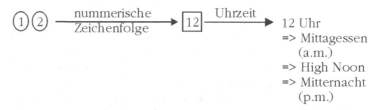

Abbildung 6: Der Weg zur Information

Die Mitteilung "12 Uhr" kann also unterschiedliche Bedeutungen haben. Dies gilt bei allen IT-Systemen, da die Kontextinformationen den gespeicherten Daten nicht beiliegen. Daher ist ausdrücklich zu prüfen, ob bei dem **Umwandlungsprozess**, der zwischen Modellbildung und technischer Verarbeitung liegt, tatsächlich noch die gleiche "Realität" abgebildet wird:

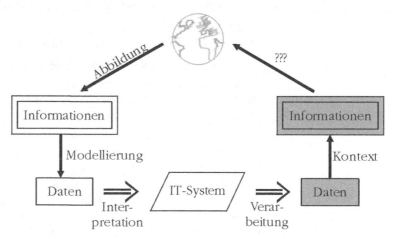

Abbildung 7: Umwandlungsprozess bei der Datenverarbeitung

Nachdem die Definition des "Rohstoffs" der Informationstechnik geklärt ist, können die **Eigenschaften von Informationen** näher untersucht werden:

- Informationen sind immateriell und lassen sich deshalb nicht "tauschen", sondern nur "mit-teilen".

- Ihr Wert kann exponentiell sein, wenn etwa ein neuer Sachverhalt erschlossen wird, kann aber auch subtrahierend sein, wenn etwa ein alter Sachverhalt widerlegt wurde oder veraltet.

- Informationen sind durch bewusste, aber auch durch unbewusste Aktionen manipulierbar (alleine schon durch geeignetes Weglassen von Zusatzinformationen) und können bewusst, unbewusst oder gar ungewünscht übertragen werden.

Da der **Wert von Informationen** von entscheidender Bedeutung ist, was sich u.a. am starken Anwachsen der Informationswirtschaft (gegenüber den anderen Produktionsfaktoren Landwirtschaft, Industrie und Dienstleistungen) ablesen lässt, ist der zeitlich schnellere Zugang zu und die strategisch nutzbare Bewertung von Informationen zentral für den Erfolg eines Unternehmens. Informationstechnische Angriffe setzen an dieser Stelle an und sind deshalb wirkungsvoll. Selbst wenn die Informationen auf den Datenträgern bzw. während der Übertragung allenfalls als Daten vorliegen und ein Angreifer erst die entsprechenden Zusatzinformationen benötigt, um den Wert richtig einschätzen zu können, liegt gerade in der notwendigen Verfügbarkeit der Informationen und der Abhängigkeit von Informationen der oft unterschätzte, wunde Punkt eines Unternehmens.

1.3.2   Fortentwicklung der Informationstechnik

Die **Fortentwicklung der Informationstechnik** ist bisher rasant verlaufen. Nach Rüdiger Dierstein ist im Zeitraum zwischen 1960 und 2000 bei der Rechengeschwindigkeit, Speicherkapazität und Miniaturisierung einen Faktor zwischen 10^6 bis 10^9 feststellbar. Gleichzeitig gab es einen enormen Preisverfall bei erwerbbarem Datenspeicher in vergleichbarer Größenordnung.

Zwischen 1990 und 2000 stellen Alexander Roßnagel, Andreas Pfitzmann und Hansjürgen Garstka eine Verhundertfachung der Rechenleistung, eine Verhundertfachung der Speicherkapazität bei magnetischen Festplatten und mindestens eine Verzehnfachung der jedem Nutzer zur Verfügung stehenden **Kommunikationskapazität** der Weitverkehrsnetze fest.

Informationstechnik wird zunehmend in nahezu jeden Lebensbereich integriert und damit **allgegenwärtig**. Die dabei eingesetzten Prozessoren interagieren mit anderen Datenverarbeitungssystemen. Dies wird als "Ubiquitous Computing" oder "Pervasive Computing" bezeichnet. Zugleich lässt sich eine Konvergenz unterschiedlicher Informations- und Kommunikationstechniken feststellen. Modifikationen an bestehender Software wie auch die Erstellung neuer Software haben meist zum Ziel, neue Funktionalitäten anzubieten und eine effizientere bzw. sichere Verwaltung der gespeicherten Daten zu ermöglichen.

Technische Entwicklungen können zudem in ihrer Wirkung ambivalent sein, da sie bevorzugt **multifunktional** entwickelt werden, um möglichst zusätzliche Absatzmärkte erschließen zu können. Neue Funktionalitäten führen jedoch zunächst auch zu neuen Angriffsoptionen.

Insgesamt besteht eine hohe **Abhängigkeit** gegenüber der eingesetzten Informationstechnik. Der Verbreitungsgrad der PCs je Mitarbeiter hat sich deutlich gesteigert zwischen 1990 (0,06 PCs/Mitarbeiter) und 1996 (0,23 PCs/Mitarbeiter) gemäß der alle zwei Jahre durchgeführten <kes>-Sicherheitsstudien, an denen sich vor allem größere Unternehmen sowie zahlreiche Behörden beteiligen. Die PCs verdrängen zunehmend den Einsatz von Terminals, die 1996 noch etwa gleich stark vertreten waren. Seit 1998 zeigen (vor allem aufgrund der Verbreitung des WWW) die <kes>-Sicherheitsstudien folgende Entwicklung, die den zunehmenden Einsatz der Informationstechniken (Terminals, PCs und mobilen Endgeräten) deutlich unterstreicht:

Kenndaten zur IT	1998	2000	2002	2004	2006
Ø Terminals	485	182	-----	-----	-----
Ø PCs	1330	1192	4626	2434	2040
Ø mobile Endgeräte	-----	-----	593	381	860
Ø Telearbeitsplätze	-----	-----	-----	(55)	(293)
Ø Mitarbeiter	6585	3807	8266	4600	4019
Verhältnis IT/Mitarbeiter	0,28	0,36	0,63	0,61	0,72

Abbildung 8: Zunehmender Einsatz von IT

Gleichzeitig wächst die **Komplexität** der eingesetzten Informationstechnik nicht nur die Hardware betreffend, sondern auch im Bereich der Software. Ein Betriebssystem besteht mittlerweile aus mehreren Millionen Zeilen Quellcode. Darauf setzen Anwendungsprogramme auf, die üblicherweise wenigstens 10.000 Zeilen Quellcode aufweisen; umfangreichere Programmpakte (wie etwa SAP R/3) weisen i.d.R. vergleichbare Werte von Betriebssystemen auf. Bei beiden Programmarten werden in jedem Programmteil zahlreiche Funktionen aus anderen Programmteilen (auch von anderen Programmen) verwendet, so dass etwaige Abhängigkeiten (Seiteneffekte) trotz probater Testverfahren nicht immer einfach erkannt werden können.

Gleichzeitig herrscht ein hoher Zeitdruck bei der Erstellung von Software und die jeweiligen Anforderungen an eingesetzte Software führen zu verkürzten Produkt-**Lebenszyklen**. Dies alles zusammengenommen hat quasi zwangsläufig zahlreiche Updates und Upgrades zur Folge und erfordert damit in den Unternehmen ein Patchlevel-Management, um die jeweils neueste Version einsetzen zu können.

Alleine der Umfang des Quellcodes der vorliegenden Programme verhindert eine gewissenhafte Prüfung beim Nutzer (darunter werden an dieser Stelle nicht nur Endnutzer verstanden, sondern eben auch Administratoren und Programmierer). Da wiederum **Standard-Software** i.d.R. nur als ausführbarer Code vorliegt, ist eine entsprechende Analyse mittels Reverse-Engineering um so aufwändiger. Außerhalb großer Software-Häuser findet dies faktisch nicht statt. Funktionstests sind daher meist das Maximum, das die programmnutzenden Unternehmen gewährleisten können.

Schließlich sind Programmierer bei der Erstellung ihres Programmteils darauf angewiesen, den Herstellern der von ihnen benutzten Tools (z.B. Editoren und Compiler) und (eingebundenen) Programmbibliotheken weitgehend zu **vertrauen**, denn diese liegen meist nur als ausführbarer Code vor, der bestenfalls gut dokumentiert und kommentiert ist. Das bildet ein potentielles Einfallstor für einen Angreifer. Gleiches gilt für die verwendete Rechteverwaltung, denn die programmiertechnische Sicht steht oftmals der anwendungsspezifischen entgegen, was bei der Spezifikation leider immer wieder vergessen wird.

Somit ergeben sich konkrete programmspezifische Anforderungen an IT-Sicherheit sowohl hinsichtlich des Quellcodes (und damit der vorliegenden Architektur) als auch hinsichtlich der Rechteverwaltung, da es letztlich um den Schutz der mittels eingesetzter Programme verarbeiteten Daten geht, die für das Unternehmen entscheidende Informationen darstellen können.

1.3.3   ### Informationstechnische Bedrohungen

Die Unternehmen sind zunehmend verschiedenen **informationstechnischen Gefahren** ausgesetzt. Die Sicherheit eines IT-Systems ist dabei bedroht durch

- zufällige Ereignisse (z.B. höhere Gewalt),

- unabsichtliche Fehler (z.B. Übertragungs- oder Bedienungsfehler),

- passive Angriffe ohne Änderung am laufenden IT-System (z.B. Abhören oder Mitlesen) und

- aktive Angriffe mit Änderungen an Daten oder am Zustand des IT-Systems (z.B. Datenverfälschung).

Derzeit fehlen aussagekräftige Messverfahren und **Kennzahlen** (Metriken) über informationstechnische Gefahren. Gute Indikatoren bieten zum einen die Statistiken des CERT Coordination Center (CERT/CC) beim Software Engineering Institute der Carnegie Mellon University of Pittsburgh und zum anderen die alle zwei Jahre von <kes>, der Zeitschrift für Informations-Sicherheit (früher Zeitschrift für Kommunikations- und EDV-Sicherheit), erhobenen Umfragen zur aktuellen Risikosituation und zum Informationssicherheitsmanagement (<kes>-Sicherheitsstudien).

Von 1988 bis 2003 wurde vom CERT/CC die Anzahl gemeldeter **informationstechnischer Störungen** registriert. Da die Gefahren durch Einsatz automatisierter Angriffswerkzeuge als allgemeine Bedrohungslage eingeschätzt und Zielsetzung bzw. Ursache der Störungen nicht erhoben wurden, erfolgt dies seit 2004 nicht mehr. Bis dahin ist die Statistik dennoch aussagekräftig:

Jahr	Anzahl Störungen
1999	9.859
2000	21.756
2001	52.658
2002	82.094
2003	137.529

Abbildung 9: Entwicklung der Störungen von IT-Systemen

Unbeabsichtigte Gefahren gingen nach den <kes>-Sicherheits-studien von folgenden Verursachern aus und erzeugten einen Schadensfall (Mehrfachnennungen waren möglich):

Ursachen unabs. Gefahr	1998	2000	2002	2004	2006
Fehler eigener Mitarbeiter	49%	52%	30%	51%	49%
Fehler durch Externe	7%	6%	9%	15%	30%
höhere Gewalt	5%	5%	3%	8%	12%
Software-bedingte Defekte	35%	30%	19%	43%	46%
Hardware-bedingte Defekte	23%	23%	15%	38%	45%
Dokumentations-bed. Defekte	7%	11%	3%	17%	20%

Abbildung 10: Entwicklung unbeabsichtigter Gefahren

Bei den **informationstechnischen Angriffen** kann dagegen folgende Entwicklung aus den <kes>-Sicherheitsstudien abgele-sen werden (auch hier waren Mehrfachnennungen möglich):

Formen erlittener Angriffe	1998	2000	2002	2004	2006
Malware (Vir., Würm., Troj.Pf.)	31%	29%	25%	54%	35%
unbefugte Kenntnisnahme	10%	11%	6%	9%	12%
Hacking	-----	-----	8%	9%	12%
Manipulation zur Bereicherung	2%	2%	2%	8%	11%
Sabotage (inkl. DoS-Attacken)	0%	2%	2%	8%	10%

Abbildung 11: Entwicklung informationstechnischer Angriffe

Bedrohungen durch **Malware** (malicious software) lassen sich unterscheiden in:

*   Computerviren: reproduktionsfähige Befehlsfolgen, die einen Wirt zur Infizierung brauchen, mit der Schadensfunktion nach Aktivierung beginnen und in File-, Makro- und Boot-Viren unterschieden werden;

*   Computerwürmer: ausführbare Programme, die sich i.d.R. bei der elektronischen Kommunikation unter Ausnutzung eines vorhandenen Hilfsprogramms vervielfältigen;

*   Trojanische Pferde: ausführbare Programme, die eine sichtbare Nutzenfunktion und eine verdeckte Schadensfunktion ausführen.

Das **Eindringen in IT-Systeme** (teilweise ausdrücklich gewünscht!) kann wiederum unterschieden werden in:

- Probing: Feststellung offener Verbindungskanäle durch Port-Scanner oder Wardriving bzw. Feststellung frei verfügbarer Speicherbereiche durch Share-Scanner bzw. Feststellung der Versionen eingesetzter IT-Systeme mit dem Ziel, vorhandene Schwachstellen herauszufinden (etwa mittels Vulnerability-Scanner);

- Hacking: Ausnutzung entdeckter Schwachstellen durch Hacker (diese wollen lediglich die Öffentlichkeit auf Schwachstellen hinweisen), Cracker (diese wollen sich durch ihr Eindringen bereichern oder den Gegner schädigen) oder Script Kiddies (diese nutzen die von Hackern erstellten Exploits eher zum Zeitvertreib oder aus Spieltrieb);

- Sniffing: Mitloggen des Netzverkehrs, i.d.R. mit dem Ziel, unsicher übertragene Passwörter abzugreifen und den entsprechenden Accounts zuzuordnen, aber auch zur Analyse des Kommunikationsverhaltens oder des Kommunikationsinhalts;

- Keylogger: Mitloggen der Tastaturanschläge, i.d.R. mit dem Ziel, die Eingabe von Passwörtern abzugreifen;

- Tracking: Erstellen benutzerspezifischer Profile mittels Cookies oder Web-Bugs, die bei Aufruf entsprechender Web-Seiten übermittelt werden;

- Spoofing (bzw. Masquerading): Vortäuschen logischer Netzwerkadressen, i.d.R. mit dem Ziel, anschließend IT-Systeme übernehmen (und diese zu "Zombie"-Rechner umzufunktionieren, die für die Verbreitung von SPAM oder verteilten Denial-of-Service-Attacken genutzt werden können) oder übermittelte Daten manipulieren zu können;

- Cache-Poisoning: Veränderung von Daten oder Befehlen im temporären Speicher eines IT-Systems (ggf. unter Ausnutzung von Race Conditions, also dem gleichzeitigen Versuch, Prozesse auszuführen);

- Rootkits: Eroberung der Kontrolle eines IT-Systems durch Erlangung von Administrator-Rechten (Root-Rechten).

Da sich die Art informationstechnischer Angriffe rapide verändert, wird auf eine Auflistung detaillierter Beispiele zu den einzenen Angriffsarten verzichtet. Die hohe Differenzierung bei den vorliegenden Bedrohungen erschwert jedoch erheblich den zu betreibenden **Aufwand** bei der Architektur von IT-Systemen und bei deren laufendem Betrieb, um die Bedrohungen geeignet abwehren zu können. Dies lässt sich ab 2004 auch an dem **Anteil für Informationssicherheit** am gesamten IT-Budget aus den <kes>-Sicherheitsstudien ablesen:

	1996	1998	2000	2002	2004	2006
Budget-Anteil	6%	7%	7%	6%	13%	9%

Abbildung 12: Anteil für Informationssicherheit am IT-Budget

Zudem werden oft bei Angriffen **konzeptionelle Festlegungen** in angewandten Protokollen (z.B. der Three-Way-Handshake-Verbindungsaufbau bei TCP), in Programmierungsprachen (z.B. durch Buffer-Overflows bei Programmen unter C) oder in Betriebssystemen (z.B. durch Ausnutzung von SUID-Rechten bei IT-Systemen unter Unix) ausgenutzt.

Eine zusammenfassende Systematisierung über die Arten **informationstechnischer Angriffe aus dem Internet** und deren konkretes Auftreten zeigen die <kes>-Sicherheitsstudien auf (Mehrfachnennungen waren – mit Ausnahme der letzten Alternative – möglich):

Angriffe aus dem Internet	1998	2000	2002	2004
Hacking des Rechners	16%	21%	43%	40%
Beeinträchtigung der Verfügbarkeit	5%	8%	29%	27%
unbefugtes Lesen von Daten	14%	15%	19%	23%
Veränderung von Daten	5%	6%	7%	11%
Abhören von Verbindungsdaten	4%	6%	9%	9%
kein Angriff registriert	61%	59%	57%	45%

Abbildung 13: Angriffe über das Internet

Daraus resultieren die Anforderungen an IT-Sicherheit, geeignete Konzepte und **Maßnahmen** bereit zu stellen, um sowohl unbeabsichtigten Gefahren als auch informationstechnische Angriffe abwehren zu können.

1.4   Standards zur IT-Sicherheit

Die der Fortentwicklung der Informationstechnik geschuldete, praktisch unüberschaubare Entwicklung bei Hardware und Software führt dazu, dass die Nutzer unterschiedliche Komponenten und Programme einsetzen und miteinander kombinieren wollen, ohne auf verschiedene **Plattformen** ausweichen zu müssen. Dies erfordert einen Interessenausgleich.

An dieser Stelle setzt die **Standardisierung** von IT-Systemen und deren Einsatzmöglichkeiten an: Bei einem Standard gibt es noch genügend Spielraum für die jeweiligen Anbieter, bei Normen werden dagegen verbindliche Rahmen gesetzt. Die Standardisierung definiert einen **Stand der Technik**, der wiederum in juristischen Betrachtungen eine wichtige Rolle spielt.

International ist in Fragen der IT-Sicherheit das Joint Technical Committee 1 "Information Technology" (**JTC 1**) zuständig, das gemeinsam von der International Organization for Standardization (**ISO**) und der International Electrotechnical Commission (**IEC**) gebildet wird. Im JTC 1 ist wiederum in erster Linie das Subcommittee 27 "IT security techniques" (SC 27) bei der Normierung von IT-Sicherheit federführend.

Daneben bestimmt maßgeblich das Institute of Electrical and Electronics Engineers (**IEEE**), das US-amerikanische National Institute of Standard (**NIST**) und das British Standard Institute (BSI) einzuhaltende Standards – nicht zu verwechseln mit dem deutschen Bundesamt für Sicherheit in der Informationstechnik (**BSI**), das in Deutschland maßgeblich beeinflusst, was als Stand der Technik in Sachen IT-Sicherheit anzusehen ist.

Um verstehen zu können, wie es zu den aktuell gültigen Standards gekommen ist, lohnt sich ein Blick auf die historische Entwicklung. An dieser Stelle wird aus Gründen der Übersichtlichkeit nicht auf die Detail-Standards eingegangen zu:

- **Kryptographie** (für Verschlüsselungsalgorithmen nach ISO/IEC 18033, für digitale Signaturen nach ISO/IEC 9796, ISO/IEC 14888 oder ISO/IEC 15946 oder für Hash-Funktionen nach ISO/IEC 10118 etc.)

- **Netzwerken** (für Netzwerkarchitektur ISO/IEC 7498, für Netzwerksicherheit ISO/IEC 18028 und ISO/IEC TR 13335-5, für Funknetzwerke IEEE 802.11 etc.)

1.4.1 TCSEC (Orange Book)

Die erste umfassende Darstellung eines methodischen Kriterienkatalogs, nach dem sich der Grad erreichter IT-Sicherheit bemisst, wurde 1983 durch das Department of Defense (**DoD**) der

USA fertiggestellt und 1985 veröffentlicht: die Trusted Computer System Evaluation Criteria (**TCSEC**), aufgrund des orangefarbenen Umschlags auch "**Orange Book**" genannt. Darin werden vier Sicherheitsstufen nach Einhaltung diverser Kriterien festgestellt:

- D = minimaler Schutz ("minimal protection")

- C = benutzerbestimmbarer Schutz ("discretionary protection") – unterteilt in C1 (erfordert eine benutzerspezifische Separierung der Daten) und C2 (erfordert zusätzlich eine Protokollierung)

- B = systembestimmter Schutz ("mandatory protection") – unterteilt in B1 (benötigt eine Zugriffskontrolle unter Zuordnung von Sicherheitsgraden auf Subjekte und Objekte), B2 (setzt die Einrichtung eines Trusted Path beim Login sowie die Existenz eines dokumentierten Sicherheitsmodells voraus, das auch verdeckte Kanäle berücksichtigt) und B3 (bei der die Überwachung aller sicherheitsrelevanten Aktionen, ein funktionierendes Notfallkonzept und die vollständige Realisierung eines Referenzmonitors erfolgt)

- A = beweisbarer Schutz ("verified protection") mit der Evaluationsstufe A1, die vergeben wird, wenn sämtliche Anforderungen mathematisch beweisbar sind

Ausschlaggebend für die **Evaluierung** sind die Einhaltung von vorgegebenen Sicherheitsmerkmalen (vor allem hinsichtlich der Zugriffsrechte) und von vereinbarten Zusicherungen (als Nachweis von Vertrauenswürdigkeit).

Die Zugriffsrechte auf Informationen haben sich an folgenden **fundamentalen Anforderungen** zu orientieren:

- keiner erhält Zugriff auf höher eingestufte Informationen und jeder erhält nur die Rechte, die er wirklich braucht (need-to-know); vorgegeben durch eine Sicherheitsleitlinie (security policy)

- die Feststellung der Einstufung der Objekte im Sinne der klassifizierten Sicherheitsgrade (unclassified, restricted, confidential, secret, top secret) muss zuverlässig erfolgen; hierzu sind Objekte zugriffsrechtebasiert zu bezeichnen (marking)

- jeder Zugriff muss einer konkreten Person (unter Berückichtigung dessen Rechte) zuordnenbar sein, so dass diese eindeutig zu identifizieren sind (identification)

- Verursacher sicherheitsrelevanter Aktionen werden protokolliert, damit Verantwortliche festgestellt werden können (accountability)

Die **Zusicherungen** werden als glaubwürdig eingestuft, wenn

- für jede Komponente des IT-Systems unabhängig nachweisbar ist, dass die fundamentalen Anforderungen für die Zugriffsrechte auf Informationen ausreichend erfüllt sind (assurance) und

- die Hard-, Soft- und Firmware vor Verfälschungen und unerlaubten Manipulationsversuchen permanent geschützt sind (continuous protection).

Zur Kontrolle wird ein Referenzmonitor (in reduzierter Form als Trusted Computing Base) eingerichtet, durch den insbesondere die Rechteverwaltung realisiert wird. Der entsprechende Validierungsmechanismus darf zu keinem Zeitpunkt umgehbar sein und muss gegen unbefugte Beeinflussung oder Modifikation abgeschottet sein.

Anmerkung: Auch wenn dieses Modell statisch angelegt ist, sich an militärischen Sicherheitsbedürfnissen orientiert, interne Bedrohungen ignoriert und sich faktisch nur Großrechenanlagen nach den vorgegebenen Kriterien evaluieren lassen, inspiriert dieser Standard alle späteren entscheidend.

Eine Adaption für vernetzte Systeme lieferte 1987 die Trusted Network Interpretation of the Trusted Computer System Evaluation Criteria (**TNI**), aufgrund des roten Umschlags auch "**Red Book**" genannt. Die Bewertungskriterien wurden aus dem Orange Book übernommen. Rechnernetze werden darin entweder als Zusammenschaltung von Einzelkomponenten, als vertrauenswürdiges Gesamtnetz oder als Verbindung von Teilnetzen unterschiedlicher Zuständigkeitsbereiche bewertet.

1.4.2 IT-Kriterien (Grünbuch)

Der Vorläufer des Bundesamtes für Sicherheit in der Informationstechnik, die Zentralstelle für Sicherheit in der Informationstechnik hat 1989 eigene Kriterien für die Bewertung der Sicherheit von Systemen der Informationstechnik (**IT-Kriterien**) entwickelt, die aufgrund des grünfarbenen Umschlags auch "**Grünbuch**" genannt werden.

Darin wurden **Bedrohungen** als Ausgangspunkt für Sicherheitsanforderungen bestimmt:

- der unbefugte Informationgewinn als Verlust der Vertraulichkeit,

- die unbefugte Modifikation von Informationen als Verlust der Integrität und

- die unbefugte Beeinträchtigung der Funktionalität als Verlust der Verfügbarkeit.

Diese Kriterien bezeichnet man auch als **klassische Sicherheitsziele**.

Als **Grundfunktionen sicherer IT-Systeme** gelten:

- Identifikation und Authentisierung (über Besitz, Wissen bzw. Merkmale),

- Rechteverwaltung (die vollständig und widerspruchsfrei sein muss),

- Rechteprüfung (als Voraussetzung für etwaige Aktionen),

- Beweissicherung (durch Protokollierung),

- Wiederaufbereitung (wobei kein Informationsfluss entgegen den bestehenden Sicherheitsanforderungen erfolgen darf),

- Fehlerüberbrückung (mit dem Erkennen von Fehlern und der Existenz von Abbruchkriterien),

- Funktionalitätsgewährleistung (durch Prioritätensetzung und Vermeidung von Fehlern) und

- Übertragungssicherung (die alle Ebenen des ISO/OSI-Referenzmodells nach ISO/IEC 7498-1 berücksichtigt).

Bei den IT-Kriterien werden einerseits funktionale Anforderungen, die sich in den zehn Funktionalitätsklassen widerspiegeln und beschreiben, was das zu evaluierende IT-System leistet, und andererseits qualitative Vertrauensstufen, die sich in acht Qualitätssicherungsstufen widerspiegeln und dokumentieren, ob die ergriffenen Maßnahmen wirksam und korrekt implementiert sind, voneinander getrennt. Die Mechanismen zur Realisierung der Sicherheitsfunktionen werden dabei kategorisiert (ungeeignet, schwach, mittelstark, stark, sehr stark bzw. nicht überwindbar).

Bei den **Funktionalitätsklassen** wurden die Evaluierungsebenen aus dem Orange Book etwas erweitert, wobei ein IT-System mehrere Funktionalitätsklassen erfüllen kann:

- F1 = C1, F2 = C2, F3 = B1, F4 = B2, F5 = B3/A1,

- F6 = hohe Anforderungen an Integrität (durch Einführung von Rollen und Protokollierung sicherheitsrelevanter Zugriffe auf Daten),

- F7 = hohe Anforderungen an Verfügbarkeit (mit Maßnahmen zur Fehlerbehandlung und Fehlerüberbrückung und zum Zurücksetzen abgebrochener Berechnungen),

- F8 = Sicherung der Integrität bei der Datenübertragung (durch Einsatz fehlererkennenden Codes und Maßnahmen zu Wiedereinspielungen),

- F9 = Geheimhaltung der Datenübertragung (z.B. durch spezifische Verschlüsselungen) und

- F10 = verschärfte Anforderungen an die Geheimhaltung und Integrität bei vernetzten Systemen (durch Authentifizierung der Kommunikationspartner, Ende-zu-Ende-Verschlüsselung und Protokollierung aller Aktionen).

Die Beurteilung der **Qualität** erfolgt anhand folgender Aspekte (Qualitätskriterien):

- Umsetzung der Sicherheitsanforderungen,

- Spezifikation der zu evaluierenden Systemteile,

- Eignung der verwendeten Mechanismen,

- Abgrenzung zu nicht zu evaluierenden Systemteilen,

- Herstellungsvorgang,

- laufender Betrieb und

- anwenderbezogene Dokumentation.

Dabei können folgende **Qualitätssicherungsstufen** erreicht werden:

- Q0 = unzureichend

- Q1 = getestet

- Q2 = methodisch getestet

- Q3 = methodisch getestet und teilanalysiert

- Q4 = informell analysiert

- Q5 = semiformal analysiert

- Q6 = formal analysiert

- Q7 = formal verifiziert

Anmerkung: Die IT-Kriterien spielen vor allem aufgrund der systematischen Aufarbeitung der klassischen IT-Sicherheitskriterien eine wichtige Rolle bei der Formulierung späterer Standards. Die Trennung von zu erreichenden Grundfunktionen und der Qualität der Zusicherungen ist ebenfalls für alle späteren Standards ausschlaggebend. Allerdings ist das konkrete Modell aufgrund der zusätzlichen Funktionalitätsklassen verwirrend.

Ergänzt wurden die IT-Kriterien durch das 1990 veröffentlichte Handbuch für die Prüfung der Sicherheit von Systemen der Informationstechnik (IT-Evaluationshandbuch) und das 1992 erschienene Handbuch für die sichere Anwendung der Informationstechnik (**IT-Sicherheitshandbuch**), um Anwendern bei der Gestaltung von IT-Sicherheit zur Abwehr der drei Grundbedrohungen (Verlust von Verfügbarkeit, Integrität und Vertraulichkeit) zu unterstützen, das bis heute als Anleitung für Unternehmen fungiert.

1.4.3   ITSEC

1990 harmonisierten Großbritannien, Frankreich, Deutschland und die Niederlande ihre Kriterien zu den Information Technology Security Evaluation Criteria (**ITSEC**).

Darin sind Erkenntnisse eingeflossen aus den jeweiligen nationalen Kriterien zur Bewertung der Sicherheit von IT-Systemen:

- den beiden britischen Sicherheitskriterien – der UK Communications-Electronics Security Group's Memorandum No. 3 (für Behörden) einerseits und der UK Department of Trade and Industry's "Green Book" (für kommerzielle IT-Sicherheitsprodukte) andererseits,

- dem französischem Catalogue de Critères Destinés à évaluer le Degré de Confiance des Systèmes d'Information und

- den deutschen IT-Kriterien ("Grünbuch").

Dieser Standard ist aktuell gültig und zertifizierbar. In den jeweiligen Ländern ausgestellte ITSEC-**Zertifikate** werden daher gegenseitig anerkannt.

IT-Sicherheit wird auch bei den ITSEC im Sinne der **klassischen Sicherheitsziele** beschrieben als Kombination aus

- Vertraulichkeit, als Schutz vor unbefugter Preisgabe von Informationen,

- Integrität, als Schutz vor unbefugter Veränderung von Informationen, und

- Verfügbarkeit, als Schutz vor unbefugter Vorenthaltung von Informationen oder Betriebsmitteln.

Diese Sicherheitsziele gelten für alle Evaluationsgegenstände, seien es nun komplette IT-Systeme oder nur einzelne IT-Produkte (bei denen die konkrete Einsatzumgebung noch unbekannt ist), in unterschiedlichem Maße. Der Antragsteller hat daher präzise zu beschreiben, welche Sicherheitsvorgaben anhand welcher **Bedrohungen** gelten. Ausgehend von diesen Angaben erfolgt eine Bewertung, die sich teilweise am Grünbuch orientiert.

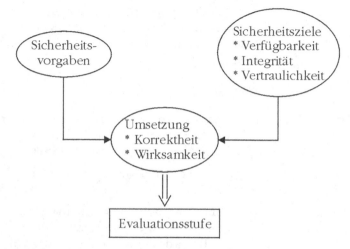

Abbildung 14: Struktur der ITSEC

Die **Sicherheitsvorgaben** sind beim Antrag zu beschreiben anhand der Sicherheitsgrundfunktionen ("generische Oberbegriffe"):

- Identifizierung und Authentisierung

- Zugriffskontrolle

- Beweissicherung

- Protokollauswertung

- Wiederaufbereitung

- Unverfälschtheit

- Zuverlässigkeit der Dienstleistung

- Übertragungssicherung

Die Vertrauenswürdigkeit der gemachten Angaben wird hinsichtlich ihrer Korrektheit und Wirksamkeit bewertet. Dabei können sieben **Evaluationsstufen** erreicht werden, die sich wiederum an den entsprechenden Sicherheitsebenen des Orange Books bzw. den entsprechenden Funktionalitätsklassen aus dem Grünbuch orientieren:

- E0 = D

- E1 = C1 bzw. F1; durch funktionale Tests ist nachzuweisen, dass die Anforderungen der Sicherheitsvorgaben erfüllt sind, und es müssen diverse (informelle) Dokumentationen existieren

- E2 = C2 bzw. F2; zusätzlich muss insbesondere ein Konfigurationskontrollsystem vorhanden sein und es müssen ausschaltbare Sicherheitsfunktionen und Hardwaredefekte identifiziert werden können

- E3 = B1 bzw. F3; hier müssen der Quellcode bzw. die Hardware-Konstruktionszeichnungen den Sicherheitsmechanismen entsprechen

- E4 = B2 bzw. F4; ein formales Sicherheitsmodell muss vorliegen und vorgegeben sein sowie ein sicherer Wiederanlauf gewährleistet sein

- E5 = B3 bzw. F5; Quellcode bzw. Hardware-Konstruktionszeichnungen müssen dem Feinentwurf des IT-Systems bzw. des IT-Produktes entsprechen

- E6 = A1 bzw. F5; das Sicherheitsmodell muss formal spezifiziert und damit mathematisch überprüfbar sein

Die **Stärke** der entsprechenden Sicherheitsmechanismen (wie Verschlüsselung, Access Control Lists etc.) wird als niedrig, mittel oder hoch eingestuft. Die Einstufung ist insbesondere davon abhängig, ob die Mechanismen einem Angriff standhalten.

Wie die Zertifizierung eines Evaluationsgegenstandes zu erfolgen und was ein Evaluator zu beachten hat, beschreibt das 1993 veröffentlichte Information Technlogy Security Evaluation Manual (**ITSEM**). Zu den ausschlaggebenden Prinzipien werden darin die Wiederholbarkeit, Reproduzierbarkeit, Unvoreingenommenheit und Objektivität erklärt.

Anmerkung: Trotz der Berücksichtigung der Übertragungssicherung werden auch bei ITSEC offene vernetzte Systeme nur unzureichend berücksichtigt. Schutzbedürfnisse von Betroffenen oder Nutzern bleiben unbeachtet, ausschlaggebend ist alleine die

Sicht der Systembetreiber. Höhere Evaluationslevel sind nur mittels formaler Methoden zu erreichen, was für IT-Systeme nahezu ausgeschlossen und für kommerziell nutzbare IT-Produkte mit einem unverhältnismäßigem Aufwand verbunden wäre.

Aktuell gültig ist die Version 1.2 von 1991. Im Rahmen qualifizierter elektronischer Signaturen wird teilweise (in den Anlagen zur SigV) auf die entsprechenden Evaluationsstufen und Stärken zurückgegriffen, so dass entsprechende Zertifizierungen aktuell erteilt werden.

1.4.4

Common Criteria (ISO/IEC 15408)

Seit 1996 existiert die erste Version der **Common Criteria** for Information Technology Security Evaluation (**CC**). Seit September 2006 ist die Version 3.1 verabschiedet; ihre Vorgängerversion 2.3 ist noch bis März 2008 gültig. Die Common Criteria sind ein weit verbreiteter, internationaler Standard.

In die Common Criteria sind die Erfahrungen eingeflossen aus:

* den US-amerikanischen Sicherheitskriterien des Orange Books und den 1992 veröffentlichten Federal Criteria for Information Technology Security (**FC**) von NIST und NSA, die Schutzprofile (Protection Profiles) als gemeinsame Anforderungen wichtiger Anwendungen beschreiben,

* den Canadian Trusted Computer Product Evaluation Criteria (**CTCPEC**) in der Version 3.0 von 1993, die die klassischen Sicherheitskriterien (Facets genannt) um den Aspekt Zurechenbarkeit erweitern, und

* den europäischen ITSEC.

Die Common Criteria bestehen aus drei Teilen:

* introduction and general model

* security functional requirements

* security assurance requirements

Von der Systematik her werden auch bei den Common Criteria die Sicherheitsfunktionalität und erfolgte Zusicherungen voneinander getrennt. Für jeden Evaluationsgegenstand wurde ein passendes **Schutzprofil** (protection profile) erstellt, das aus den jeweiligen Katalogen passende Funktionalitäten beschreibt. Zusätzlich sind **Sicherheitsvorgaben** (security target) zu erfüllen, die wiederum von den entsprechenden Bedrohungen abhängen, denen ein zur entsprechenden Kategorie (z.B. Betriebssystem,

Datenbank, Datenübertragungssystem, Firewall, PC-Sicherheit, Public-Key-Systeme, Smartcardsysteme) zugehöriger Evaluationsgegenstand ausgesetzt ist. Bei der Evaluation wird überprüft, in welchem Maße der Evaluationsgegenstand beide Anforderungen erfüllt.

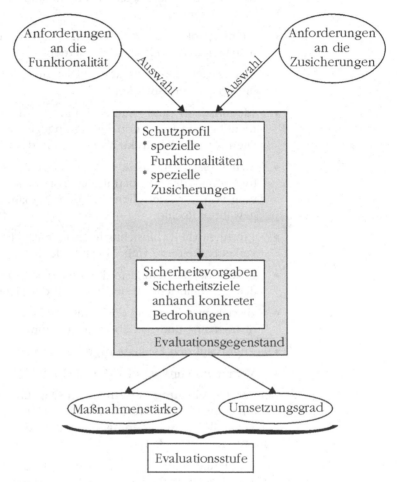

Abbildung 15: Struktur der Common Criteria

Die **Funktionalitätsklassen** bilden die Sicherheitsfunktionalität ab und werden im 2. Teil unter Darstellung der Abhängigkeiten einzelner Bestandteile (sog. families sowie deren components) definiert (Stand: Version 2.3):

- Sicherheitsprotokollierung (FAU) hinsichtlich Erkennen, Aufzeichnen, Speichern und Analysieren sicherheitsrelevanter Aktionen

- Kommunikation (FCO) hinsichtlich der Sicherstellung der Identität der beteiligten Kommunikationspartner (Urheber und Empfänger)

- Kryptographische Unterstützung (FCS) hinsichtlich Schlüsselmanagement und laufendem Betrieb

- Schutz der Benutzerdaten (FDP) hinsichtlich Zugriffsdaten und Informationsflusskontrolle

- Identifikation und Authensisierung (FIA) hinsichtlich der Identifikation und Verifizierung angegebener Benutzeridentitäten sowie der korrekten Zuordnung der Zugriffsrechte

- Sicherheitsmanagement (FMT) hinsichtlich der Sicherheitsfunktionen des Evaluationsgegenstandes, inkl. der Verwaltung von Benutzerrollen und dem Management des Entzugs gewährter Rechte

- Privatheit (FPR) hinsichtlich Anonymität, Pseudonymität, Unverkettbarkeit und Unbeobachtbarkeit

- Schutz der Sicherheitsfunktionen des Evaluationsgegenstandes (FPT) hinsichtlich der Integrität der Sicherheitsfunktionen

- Betriebsmittelnutzung (FRU) hinsichtlich Fehlertoleranz, Prioritätssetzung und Betriebsmittelzuteilung

- Zugriff auf den Evaluationsgegenstand (FTA)

- Vertrauenswürdiger Pfad/Kanal (FTP)

Bei der **Zusicherung** der erreichten Qualität (Vertrauenswürdigkeit) hat ein Evaluationsgegenstand bei jeder Evaluationsstufe unterschiedliche Anforderungen zu erfüllen aus nachfolgender Auflistung aus dem 3. Teil (Stand: Version 2.3):

- Konfigurationsmanagement (ACM) hinsichtlich dessen Existenz, Leistungsfähigkeit, Aktualität und Automation

- Auslieferung und Betrieb (ADO) hinsichtlich Transport, Installation und Inbetriebnahme

- Entwicklung (ADV) hinsichtlich des kompletten Prozesses von der Spezifikation bis zur Implementation, ggf. unter Darstellung eines Sicherheitsmodells

- Qualität der Handbücher (AGD) hinsichtlich Vollständigkeit, Verständlichkeit, Aussagekraft, Konsistenz und Umfang sowohl für Administratoren als auch für Benutzer

- Lebenszyklusunterstützung (ALC) hinsichtlich der Vertraulichkeit und Integrität der Entwicklung, der Fehlerbehebung und des Einsatzes von eingesetzten Tools

- Funktionstests (ATE) hinsichtlich Vollständigkeit, passender Tiefe und der Übereinstimmung mit den Vorgaben

- Schwachstellenbewertung (AVA) hinsichtlich verdeckter Kanäle, Missbrauch, vorhandener und erkannter Verwundbarkeiten sowie der Ergebnisse unabhängiger Penetrationstests

Nach der Überprüfung des gewählten Schutzprofils (APE) und der vorgegebenen Sicherheitsvorgaben (ASE) können im Zuge der eigentlichen Evaluation nach den Common Criteria folgende **Evaluationsstufen** (Evaluation Assurance Level) in starker Anlehnung an ITSEC (und der Hinzufügung einer zusätzlichen Evaluationsstufe) erreicht werden:

- EAL 0 = E0 (und damit ohne jegliche Vertrauenswürdigkeit)

- EAL 1 (functionally tested)

- EAL 2 (structurally tested) = E1

- EAL 3 (methodically tested and checked) = E2

- EAL 4 (methodically designed, rested and reviewed) = E3

- EAL 5 (semiformally designed and tested) = E4

- EAL 6 (semiformally verified design and tested) = E5

- EAL 7 (formally verified design and tested) = E6

Die **Stärke** eingesetzter Sicherheitsfunktionen wird ab EAL 2 je nach Aufwand eines Angreifers bewertet in niedrig (nur Schutz gegen zufälliges Eindringen), mittel (Schutz gegen einen Angreifer mit beschränkten Gelegenheiten oder Betriebsmitteln) oder hoch (Schutz nur nicht gegen Angreifer, die über sehr gute Fachkenntnisse, Gelegenheiten und Betriebsmittel verfügen). Dabei spielt die benötigte Zeit, das benötigte Know-how, der benötigte Zugriff und die benötigten technischen Hilfsmittel ausschlaggebend.

Bei den **Evaluationsergebnissen** eines Evaluationsgegenstandes wird außerdem unterschieden nach:

- conformant to part 2 = basiert ausschließlich auf Komponenten der Funktionalitätsklassen

- part 2 extended = basiert auf Komponenten der Funktionalitätsklassen plus Gewährleistung zusätzlicher Sicherheitsfunktionen außerhalb von Teil 2

- conformant to part 3 = basiert ausschließlich auf Komponenten der Zusicherung

- part 3 extended = basiert auf Komponenten der Zusicherung plus Gewährleistung zuätzlicher Zusicherungskomponenten außerhalb von Teil 3

- conformant to protection profile = konform zu allen Teilen des zugehörigen anwendungsbezogenen Schutzprofils

Anmerkung: Die klassischen Sicherheitsziele (Verfügbarkeit, Integrität und Vertraulichkeit) tauchen nunmehr nur noch in den jeweiligen Schutzprofilen und Sicherheitsvorgaben auf und können durch weitere Sicherheitsziele bei Bedarf erweitert werden. Die erhöhte Flexibilität führt aber auch zu einer erschwerten Vergleichbarkeit, da hierzu die Güte des betrachteten Schutzprofils entscheidend ist. Die unterschiedliche Breite der jeweiligen Funktionalitätsklassen hinsichtlich der zugehörigen Bestandteile (Familien und Komponenten) wirkt unausgewogen.

Die Version v2.1 von 1999 wurde als **ISO/IEC 15408** normiert. Seit 2005 gilt die Version v2.3. Unmittelbar vor dem Abgabetermin des Buches erschien die Version v3.1 als Nachfolgeversion. Inzwischen wurden eine Reihe von Schutzprofilen, die vollständig, konsistent und technisch stimmig sein müssen, unter Anwendung der **ISO/IEC TR 15446** (guide on the production of protection profiles and security targets) bereits entwickelt. Wie die Zertifizierung eines Evaluationsgegenstandes (target of evaluation) zu erfolgen und was ein Evaluator zu beachten hat, beschreibt die jeweils zur aktuellen Version zugehörige Common Methodology for Information Technology Security Evaluation (**CEM**).

Die Anforderungen für **kryptographische Module**, die im Rahmen einer Zertifizierung nach den Common Criteria (ebenfalls im Rahmen qualifizierter elektronischer Signaturen) geprüft werden, erfolgt nach der **ISO/IEC 19790**, die auf der Basis des 1994 formulierten Federal Information Processing Standard – Security Requirements for Cryptographic Modules (**FIPS 140-2**) des US-amerikanischen NIST fortentwickelt wurde.

1.4.5   **IT-Grundschutz-Kataloge**

Das 1990 eingerichtete Bundesamt für Sicherheit in der Informationstechnik (BSI) erstellte aufbauend auf den gesammelten Erfahrungen mit den IT-Kriterien 1995 ein detaillierteres und flexibleres Konzept zur Realisierung von IT-Sicherheit: Das **IT-Grundschutzhandbuch** (GSHB), das seither in regelmäßigen Abständen an neue Entwicklungen angepasst wird und seit 2005 nunmehr unter dem Titel **IT-Grundschutz-Kataloge** firmiert.

Die Grundidee hinter dem GSHB bzw. den IT-Grundschutz-Katalogen ist, dass es für ein Unternehmen gemeinhin reicht, eine **mittlere IT-Sicherheit** zu implementieren. Dazu wird der vorhandene IT-Verbund geeignet nachgebildet ("modelliert"), indem die entsprechenden Bausteine aus den jeweiligen Schichten (übergreifende Aspekte, Infrastruktur, IT-Systeme, Netze, IT-Anwendungen) ausgewählt werden, die im entsprechenden IT-Verbund vorhanden sind.

Folgende Bausteine sind aus der **Schicht der übergreifenden Aspekte der IT-Sicherheit,** die den eingesetzten technischen Komponenten übergeordnet und für den gesamten IT-Verbund relevant sind, zwingend vorgesehen und werden daher auch **Pflichtbausteine** genannt:

- IT-Sicherheitsmanagement,

- Organisation,

- Personal,

- Datensicherungskonzept,

- Computer-Virenschutzkonzept,

- Hard- und Software-Management,

- Standardsoftware und

- IT-Sicherheitssensibilisierung und -schulung.

Sobald ein Unternehmen Komponenten nutzt, die einen **höheren Schutzbedarf** haben, was i.d.R. der Fall sein wird, sind zudem folgende Bausteine aus der Schicht der übergeordneten Aspekte der IT-Sicherheit zu berücksichtigen:

- Notfallvorsorge-Konzept,

- Kryptokonzept,

- Behandlung von Sicherheitsvorfällen,

- Archivierung und

- Outsourcing.

Je nach den baulich-physischen Gegebenheiten sind aus der **Schicht der Sicherheit der Infrastruktur** auszuwählen:

- Gebäude,

- Verkabelung,

- Büroraum,

- Serverraum,

- Datenträgerarchiv,

- Raum für technische Infrastruktur,

- Schutzschränke,

- häuslicher Arbeitsplatz,

- Rechenzentrum,

- mobiler Arbeitsplatz und

- Besprechungs-, Veranstaltungs- und Schulungsräume.

In der **Schicht zur Sicherheit der IT-Systeme** wird unterschieden zwischen Servern (abhängig vom gewählten Betriebssystem) und Clients (ebenfalls abhängig vom gewählten Betriebssystem, aber auch davon, ob etwa ein Laptop oder ein Stand-Alone-PC verwandt wird), Netzkomponenten (Firewall, Router, Switches) und Telekommunikationsgeräten. In der **Schicht zur Sicherheit im Netz** werden verschiedene Sicherheitsaspekte hinsichtlich der Netzverbindungen (insbesondere Modem, RAS oder ISDN). Bei der untersten **Schicht zur Sicherheit in Anwendungen** geht es dagegen um entsprechende Applikationen und eingesetzte elektronische Kommunikationsmedien.

Die ausgewählten **Bausteine** beschreiben die zu betrachtende Komponente, Vorgehensweise oder IT-Systeme und die zugehörige Gefährdungslage, die in höhere Gewalt, organisatorische Mängel, menschliche Fehlhandlungen, technisches Versagen und vorsätzliche Handlungen unterteilt sind. Um der jeweiligen Gefährdungslage geeignet begegnen zu können, werden schließlich entsprechende technische und organisatorische Maßnahmen aufgelistet, die entsprechend ihrer Notwendigkeit eingestuft werden (Einstieg, Aufbau, Zertifikat, zusätzlich für höhere Sicherheitsanforderungen).

Zu den jeweiligen **Maßnahmen** sind Verantwortlichkeiten angegeben, eine Beschreibung der Maßnahme, entsprechende Kontrollfragen, die gerade für die Zertifizierung eine ausschlaggebende Rolle spielen.

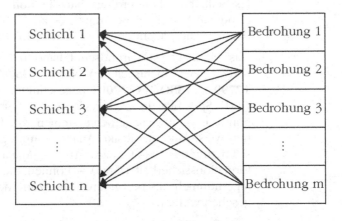

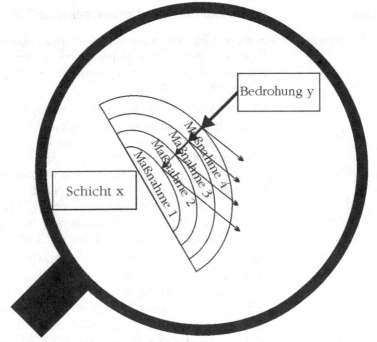

Abbildung 16: Differenzierter Schutz bei den Grundschutz-Katalogen

Anmerkung: Für viele Unternehmen ist eine Berücksichtigung mittlerer Sicherheit völlig ausreichend. Diese Interessenlage wurde durch das GSHB gut bedient. Vorteilhaft ist auch die modulare Struktur der Grundschutz-Kataloge, so dass mit vertretbarem Aufwand die Anforderungen für den vorliegenden IT-Verbund feststellbar sind. Allerdings hat die Auflistung umfassender Bestandteile verschiedener Kataloge auch ihre Schattenseite, denn dadurch kann leicht der Überblick verloren gehen.

Das ehemalige IT-Grundschutzhandbuch wurde 2005 auf die neuen bzw. überarbeiteten Normen **ISO/IEC 13335**, **ISO/IEC 17799** und **ISO/IEC 27001** zugeschnitten. Hierzu wurden einige GSHB-Spezifika in entsprechende BSI-Standards (zu Informationssicherheitsmanagementsystemen, zur IT-Grundschutz-Vorgehensweise und zur Risiko-Analyse) ausgegliedert. Unter Berücksichtigung des BSI-Standards 100-1 – Managementsysteme für Informationssicherheit (ISMS) – können die IT-Grundschutz-Kataloge nunmehr als besondere Umsetzung der ISO/IEC 27000ff angesehen werden.

1.4.6   Informationssicherheitsmanagement (ISO/IEC 27000ff)

Seit 2000 gibt es einen neuen internationalen Standard zum Management der Informationssicherheit, den ISO/IEC 17799. Seit 2005 ist dieser in ein umfassenderes Konzept eingebunden: der Famlie ISO/IEC 27000ff.

Die **ISO/IEC 17799** (information technology – code of practice for information security management) entstand aus dem 1. Teil des vom British Standards Institute (BSI) herausgegebenen British Standard 7799 (BS 7799-1: a code of practice for information security management). Der ISO/IEC-Standard wurde 2005 überarbeitet und stellt einen bewährten Leitfaden zum Management der IT-Sicherheit dar. Er wird (vermutlich 2007) unverändert zur **ISO/IEC 27002**. Der entsprechende Normierungsprozess war zum Zeitpunkt der Bucherstellung noch nicht abgeschlossen.

Der zweite Teil des BS 7799 (BS 7799-2: specification with guidance for use) von 1998 ist der zertifizierbare Teil und wurde 2005 zur **ISO/IEC 27001** (information technology – security techniques – information security management systems requirements specification). Darin wird der Prozess zur Entwicklung und Umsetzung des in der ISO/IEC 17799 beschriebenen Informationssicherheitsmanagements unter Angabe abprüfbarer Checklisten dargestellt.

Der erst 2006 hinzu gekommene dritte Teil des BS 7799 (BS 7799-3: guidelines for information security risk management) wird voraussichtlich zusammen mit der noch nicht veröffentlichten Zwischenversion der neuen **ISO/IEC 13335-2** (techniques for information and communications technology security risk management) in die **ISO/IEC 27005** überführt (angekündigt für Ende 2006). Die ISO/IEC 13335-2 basiert auf dem technischen Report der ISO/IEC TR 13335-3 (techniques for the management of IT security) von 1998.

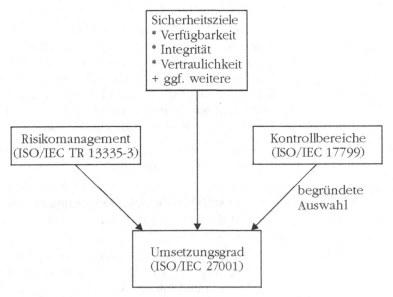

Abbildung 17: Aktuelle Struktur der ISO/IEC 27000ff

Von der bisherigen **ISO/IEC TR 13335** (guidelines for the management of IT security) wurden 2004 die alten Teile 1 (concepts and models for IT security) von 1996 zur Begriffsdefinition und 2 (managing and planning IT security) von 1997 zur Prozessbeschreibung in die neue **ISO/IEC 13335-1** (management of information and communications technology security – concepts and models for information and communications technology security management) fusioniert. Diese soll überführt werden in die **ISO/IEC 27000** (angekündigt für 2008).

Ergänzt werden soll die Normenreihe durch

- die **ISO/IEC 27003** (information security management system implementation guidance) zur konkreten Umsetzung der ISO/IEC 27001 (angekündigt für 2008),

- die **ISO/IEC 27004** (information security management measurements), in der dann Meßmethoden zur Informationssicherheit vorgestellt werden sollen (angekündigt für Ende 2006) und

- die **ISO/IEC 27006** (international accreditation guidelines for the accreditation of bodies operating certification / registration of information security management systems), in der Vorgaben für die Zertifizierungsstellen gemacht werden (angekündigt für Ende 2006).

Die **ISO/IEC 17799** sieht auf der Grundlage eines durchzuführenden Risikomanagements, das Risiken identifiziert und quantifiziert sowie eine Priorisierung hinsichtlich des sinnvollen Umgangs mit den Risiken enthält, in der aktuellen Version von 2005 folgende, für eine Zertifizierung nach ISO/IEC 27001 relevante **Bereiche** (control objectives) vor, zu denen jeweils entsprechende Maßnahmen angegeben sind:

- security policy (Erstellung einer Sicherheitsleitlinie und ihre regelmäßige Überprüfung),

- organization of information security (Organisation zur Informationssicherheit unter Festlegung von Verantwortlichkeiten und der Berücksichtigung von Sicherheitsaspekten auch bei der Auftragsvergabe),

- asset management (Management der zu schützenden Vermögenswerte, zu denen insbesondere IT-Systeme, Dienste, Personal und Informationsträger gehören und die hinsichtlich der Bedeutung ihrer Verwendung und ihres Schutzgrades zu klassifizieren sind),

- human resources security (Sicherheit beim Personalmanagement, inkl. der Sensibilisierung zur Informationssicherheit),

- physical and environmental security (physische und Umgebungssicherheit, insbesondere durch die Ausweisung von Schutzzonen),

- communications and operations management (Management der Kommunikation und des Betriebs, von der Datensicherung bis zur Netzwerksicherheit),

- access control (Steuerung des Zugangs und Zugriffs und des zugehörigen Rechtemanagements),

- information systems acquisition, development and maintenance (Einsatz neuer und Wartung bestehender IT-Systeme bei Vermeidung von Fehlern, Verlusten, unbefugten Veränderungen und Missbrauch),

- information security incident management (geregelter Umgang mit Sicherheitsvorfällen),

- business continuity management (Management der Geschäftskontinuität) und

- compliance (Erfüllung der Verpflichtungen aus rechtlichen und organisatorischen Anforderungen wie Urheberrechte, Datenschutz, Standards und Vereinbarungen).

Die zu ergreifenden Maßnahmen orientieren sich dabei an den klassischen Sicherheitskriterien Verfügbarkeit, Integrität und Vertraulichkeit, ergänzt um Autzentizität, Zurechenbarkeit, Nichtabstreitbarkeit und Ausfallsicherheit.

In Anlehnung an die bewährten Normen zur Qualitätskontrolle (ISO 9000ff) und zum Umweltmanagement (ISO 14000ff) wird in der ISO/IEC 27001 (sowie in dessen Vorgänger, des BS 7799-2) dabei auf das **PDCA-Vorgehensmodell** zurückgegriffen:

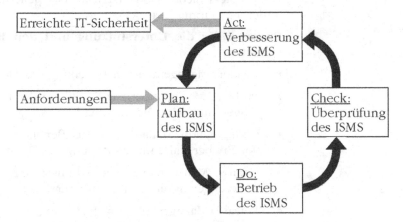

Abbildung 18: Vorgehensmodell nach ISO/IEC 27001

Anmerkung: Die Familie der ISO/IEC 27000ff ist als der ausschlaggebende Standard für Informationssicherheit schlechthin anzusehen. Nachdem bereits der BS 7799 international eine wiete Verbreitung fand und die ISO/IEC 27000ff direkt darauf aufsetzen, ist dieser Standard ein Muss für international tätige sowie für börsennotierte Unternehmen im Rahmen ihres Risikomanagements.

Für eine **Zertifizierung** nach ISO/IEC 27001 sind aus den aufgeführten Kontrollbereichen geeignete und effektive Maßnahmen begründet auszuwählen. Unter dem Fokus der relevanten Sicherheitsziele (mindestens Verfügbarkeit, Integrität und Vertraulichkeit) ist die Wirksamkeit ergriffener Maßnahmen zu prüfen.

1.4.7

ITIL und ISO/IEC 20000

Der British Standard 15000 (**BS 15000**) des British Standards Institute (BSI) wurde 2005 ebenfalls in einen internationalen Standard überführt und zur **ISO/IEC 20000**. Dieser dient der Zertifizierung für IT-Dienste auf der Grundlage der Information Technology Infrastructure Library (**ITIL**), die seit den 80ern inzwischen auf eine Ansammlung von über 40 Bänden angewachsen ist und seit 2000 durch das UK Office of Government Commerce herausgegeben wird. Die ITIL gilt als best-practice-Referenzmodell für IT-Service-Prozesse und setzt sich zunehmend auch in Deutschland durch.

Bei ITIL werden u.a. folgende grundlegende **Prozesse** voneinander unterschieden und hierzu jeweils sicherheitsrelevante Anforderungen formuliert:

Prozesse für die Unterstützung und den Betrieb von IT-Diensten:

- Incident Management zur Behebung von Störungen

- Problem Management zur Ermittlung der Ursachen von Störungen und deren Beseitigung

- Configuration Management zur Bereitstellung der Informationen über Stand und Beziehung der IT-Infrastruktur

- Change Management zum reibungslosen Durchführen von Änderungen an der IT-Infrastruktur

- Release Management zur Steuerung der Implementierung (neuer Versionen) von Hard- und Software

Prozesse zur Planung und Lieferung von IT-Diensten:

- Service Level Management zur Vereinbarung sinnvoller Anforderungen (Service Level Agreements)

- Financial Management zur effizienten Kosten- und Nutzenbetrachtung

- Capacity Management zur Optimierung des Einsatzes der IT-Ressourcen entsprechend geforderter Leistungsanforderungen

- Availability Management zur Sicherstellung vereinbarter Verfügbarkeiten

- Continuity Management zur Abwehr einer Katastrophe bzw. eines Notfalls

Für eine **Zertifizierung** des Service-Managements nach ISO/IEC 20000 (bzw. BS 15000) sind zusätzlich relevant:

- Management System zur Zusammenstellung der verfolgten Unternehmensstrategie hinsichtlich der IT-Services

- Kontinuierlicher Verbesserungsprozess (continual improvement) und interne Auditierung zur Sicherstellung einer permanenten Leistungsverbesserung unter Ausnutzung des PDCA-Vorgehensmodells

- Service Reporting und Lenkung von Dokumenten zur zentralen Auflistung vorgesehener Berichte und einem Dokumentenversionsmanagement

- Supplier Management zurm Umgang mit Lieferanten und Dienstleistern

- Business Relation Management zur Steigerung der Kundenzufriedenheit

- Security Management zur strukturierten Darstellung sicherheitsrelevanter Gegebenheiten nach ISO/IEC 17799

Anmerkung: ITIL hat sich am Markt durchgesetzt und zeigt wichtige Eckpfeiler für die IT-Dienstleistungsbranche auf. Die Vielzahl unterschiedlicher Bände mit uneinheitlicher Tiefe und Verschränkung lässt ITIL allerdings noch unübersichtlich erscheinen. Daran wird derzeit in Großbritannien eifrig gearbeitet.

1.5   Unternehmensspezifische Anforderungen an IT-Sicherheit

Die Anforderungen an IT-Sicherheit werden schließlich durch Unternehmensspezifika beeinflusst. Dazu zählen neben der Branchenzugehörigkeit die Positionierung am Markt und die innerbetriebliche Organisation.

1.5.1   Branchenzugehörigkeit und Marktstellung

Der Grad anzustrebender IT-Sicherheit hängt stark vom Wert der zu schützenden Informationen ab: Für Banken, Versicherungen und die Pharmaindustrie exisieren zahlreiche **branchenspezifische** rechtlichen Anforderungen, zu denen ein Überblick gegeben wird. Darüber hinaus haben auch Unternehmen der Rüstungsindustrie, Telekommunikations- und Medienbranche sowie der IT-Dienstleistungen ein Interesse an effektiver IT-Sicherheit.

Für **Banken** findet sich ein spezialrechtliches Pendant zum KonTraG in § 25a Abs. 1 KWG. Auf deren Grundlage hat die Bundesanstalt für Finanzdienstleistungsaufsicht (BaFin) entsprechende Mindestanforderungen an das Risikomanagement (**MaRisk**) erlassen. Die Geschäftsorganisation ist demnach nur ordnungsgemäß, wenn die Integrität, Verfügbarkeit, Authentizität und Vertraulichkeit der Daten sichergestellt ist und regelmäßig überprüft wird.

Im Zuge der Umsetzung der neuen Basler Eigenkapitalvereinbarung (**Basel II**) sind operationale Risiken bei der Kreditvergabe besonders zu berücksichtigen und die Verlässlichkeit und Stabilität des DV-Systems nachzuweisen. Kreditnehmer mit einem guten Rating erhalten demnach eine verbilligte Fremdkapitalfinanzierung. Insofern werden diese spezialrechtliche Bestimmungen aus dem Bankensektor auf den allgemeinen Unternehmenssektor durchgereicht.

Das versicherungsrechtliche Pendant zu Basel II sind die EU-Vorschriften **Solvency II**, in denen ebenfalls ein Risikomanagement sowie ein internes Kontrollsystem eingefordert wird. Risikobehaftete Versicherungsgeschäfte sind danach durch einen höheren Eigenkapitalanteil abzudecken. Auch hier wird die Nachweispflicht auf die Unternehmen durchgereicht.

Für börsennotierte Unternehmen, die international tätig sind, existieren überdies zahlreiche Normen in anderen Staaten. Da die USA ein besonders begehrter Markt ist, werden an dieser Stelle die wichtigsten US-amerikanischen Rechtsnormen skizziert, die ein Unternehmen dann zusätzlich zu den deutschen Rechtsnormen zu beachten hat.

Seit 2002 ist der US-amerikanische Sarbanes-Oxley-Act (**SOX**) in Kraft. Dieser verpflichtet die Unternehmen, die eigene Rechtskonformität sicherzustellen. Zur Missbrauchskontrolle wird ein internes Kontrollsystem verlangt. Für die Überprüfung der getroffenen Maßnahmen sind die entsprechenden Rahmenwerke des Committee of Sponsoring Organizations of the Treadway Commission (**COSO**) zu beachten: Für das interne Kontrollsystem die Studie "Internal Control – Integrated Framework" und für ein vorzuweisendes Risikomanagement das "Enterprise Risk Management Framework". Hinsichtlich der eingesetzten IT wird üblicherweise auf die Control Objectives for Information and related Technology (**CobiT**) zurückgegriffen. Dabei wird insbesondere auf eine zeit- und budgetgerechte Bereitstellung angeforderter

IT-Leistungen, ein IT-Risikomanagement und eine laufende Überwachung der IT-Services und IT-Projekte Wert gelegt.

International tätige **Pharmaunternehmen** müssen zusätzlich den US-amerikanischen Federal Food, Drug and Cosmetic Act (**FD&C Act**) befolgen. Dieser setzt im Rahmen von current Good Manufacturing Practices (**cGMP**) ein Risikomanagement voraus und fordert die systematische Überprüfung eingesetzter IT-Systeme ("Computervalidierung") gemäß des gültigen Leitfadens zur Good Automated Manufacturing Practice (**GAMP**). Die Einhaltung der Vorschriften wird regelmäßig durch die Food and Drug Administration (**FDA**) kontrolliert.

Werden darüberhinaus durch das Pharmaunternehmen oder in dessen Auftrag **klinische Studien** durchgeführt, gelten neben den einschlägigen und aufgrund der Erhebung, Verarbeitung oder Nutzung personenbezogener Gesundheitsdaten verschärften Datenschutzbestimmungen auch die Verpflichtungen, die aus der ärztlichen Schweigepflicht resultieren. Hinzu kommt ein adäquater Schutz elektronischer Gesundheitsdaten nach dem 2003 modifizierten US-amerikanischen Health Insurance Portability and Accountability Act (**HIPAA**) von 1996.

Unternehmen der **Automobilindustrie** müssen "lediglich" ein Qualitätsmanagement nach **ISO TS 16949** nachweisen (alternativ nach ISO 9001), was an Zulieferer oder Outsourcing-Dienstleister als Anforderungen weitergereicht wird. Diese Entwicklung wird sich sicherlich auch in anderen Branchen mit der Zeit fortsetzen, so dass ein erheblicher Aufwand zum **Nachweis guter Praxis** (wie bei den Pharmaunternehmen) erforderlich sein wird. Hierzu zählt üblicherweise auch die Gewährleistung ausreichender IT-Sicherheit. So fordert der öffentliche Sektor verstärkt bei der Auftragsvergabe den Nachweis von Zertifizierungen und damit von der Einhaltung gängiger Sicherheitsstandards.

Aus den <kes>-Sicherheitsstudien ist abzulesen, dass nicht nur im öffentlichen Sektor der Anteil eingesetzter **zertifizierter Produkte** kontinuierlich zunimmt. Die zertifizierten Produkte erfüllen überwiegend die in sie gesteckten Erwartungen an Nutzen und Zuverlässigkeit. Zertifizierungen sind jedoch kostenintensiv, was sich somit im Preis niederschlägt. Die Qualitätsanforderungen werden allerdings auch von nicht-zertifizierten Produkten erwartet, so dass nur noch bedingt ein höherer Preis für zertifizierte Produkte akzeptiert wird:

Erfahrung m. Zertifizierung	1998	2000	2002	2004	2006
Einsatz zertifizierter Produkte	30%	31%	34%	39%	41%
Erwartungen erfüllt	66%	61%	69%	61%	69%
höherer Preis gerechtfertigt	29%	31%	78%	44%	50%

Abbildung 19: Erfahrungen mit zertifizierten Produkten

Neben der Frage einer internationalen Ausrichtung eines Unternehmens und der Tendenz zum Einsatz nachweisbarer Produktqualität ist ebenfalls die Stellung am Markt ausschlaggebend dafür, welcher Grad an IT-Sicherheit erreicht werden muss, denn ein Unternehmen muss sich zunehmend gegen **Wirtschaftsspionage** wehren: Nach den von der Wirtschaftsprüfungsgesellschaft KPMG veröffentlichten Studien zur Wirtschaftskriminalität ist der Anteil der Verletzung des Betriebs- und Geschäftsgeheimnisses von 20 % im Jahre 2003 auf 31 % im Jahre 2006 angewachsen. Der Bereich der IT wurde nach der Studie von 2006 in 25 % aller Fälle angegriffen. Der relative Anteil krimineller Handlungen im Bereich des eCommerce ist von 31 % im Jahr 2003 auf 23 % in 2006 gefallen.

Die aktuelle Studie der KPMG "Studie 2006 zur Wirtschaftskriminalität in Deutschland" weist als ursächliche **Gründe für wirtschaftskriminelle Handlungen** aus:

- 73 % fehlende Loyalität zum Unternehmen
- 65 % wirtschaftliche oder private Probleme der handelnden Personen
- 38 % aufwändiger Lebensstil der handelnden Personen
- 31 % Unzufriedenheit am Arbeitsplatz
- 20 % falsche Anreizstrukturen
- 11 % sonstige charakterliche Gründe der handelnden Personen
- 3 % kriminelle Energie
- 1 % Sonstiges
- 6 % keine Angabe

Beim angegebenen Täterkreis wird in den öffentlich zugänglichen Studien der KPMG nicht ausgewiesen, inwieweit es sich um direkte Konkurrenten handelt oder um Personen, die im Auftrag von direkten Konkurrenten tätig wurden. Insofern bleiben

Hintergründe im Dunkeln. Bei der "Studie zur Wirtschaftskriminalität in Deutschland 2003/04" der KPMG wurden dem **Täterkreis** zugerechnet:

- 84 % Mitarbeiter
- 64 % Täter ohne Geschäftsbeziehung
- 51 % Management
- 42 % Kunden
- 42 % Lieferanten
- 7 % Top-Management

1.5.2   Innerbetriebliche Organisation

Da ein hoher Anteil der Täter wirtschaftskrimineller Handlungen aus dem Kreis der Beschäftigten (Mitarbeiter, Management und sogar Top-Management) stammen und an erster Stelle die fehlende Loyalität zum Unternehmen und ebenfalls an prominenter Stelle die Unzufriedenheit am Arbeitsplatz genannt werden, ist es eine zweifellos wichtige Aufgabe der innerbetrieblichen Organisation, die **Zufriedenheit der Mitarbeiter** zu steigern, um dieser Entwicklung entgegen wirken zu können. Frustrierte Mitarbeiter stellen gerade für die IT-Sicherheit aufgrund ihrer profunden Kenntnisse interner Strukturen und der eingesetzten Informationstechnik ein permanentes Risikopotential dar.

Bei der innerbetrieblichen Organisation ist grundsätzlich entscheidend für die Frage, ob für die IT-Sicherheit geeignete bzw. förderliche Strukturen anzutreffen sind, welcher **Stellenwert der IT-Sicherheit** im Unternehmen beigemessen wird. Die Teilnehmer der <kes>-Sicherheitsstudien haben diesen so eingeschätzt:

Stellenwert	2000	2002	2004	2006
vorrangiges Ziel der IV	23%	20%	30%	20%
gleichrangiges Ziel der IV	46%	50%	31%	32%
eher "lästiges Übel"	30%	29%	30%	34%
Mehrwert für andere Bereiche	-----	-----	9%	14%

Abbildung 20: Stellenwert der IT-Sicherheit

Die **durchschnittliche Bewertung erreichter IT-Sicherheit** bei einer Skala von 1 für "sehr gut" bis 5 für "nicht ausreichend" fällt dabei in der <kes>-Sicherheitsstudien wie folgt aus, wobei in den neueren Erhebungen stärker aufgeteilt wird und Teleworking-PCs, mobile Endgeräte (Notebooks, PDAs etc.) und WLAN besonders schlecht beurteilt werden (jeweils mit der Durchschnittsnote von 3,4 im Jahr 2004):

Bewertete erreichte IT-Sicherheit	2000	2002	2004	2006
zentrale DV (RZ, Mainframe, Server)	2,1	2,3	2,3	2,1
dez. DV (Clients, PCs, mob. Endger.)	3,0	3,4	3,2	3,1
Telekommunikation & Netzwerke	2,9	2,6	2,9	2,6

Abbildung 21: Eigenbewertung erreichter IT-Sicherheit

Je stärker die Informationstechnik also von der IT-Administration direkt beaufsichtigt wird, desto besser wird die erreichte IT-Sicherheit beurteilt. Daher hängt sehr viel davon ab, welchen **Stellenwert** die **IT-Administration** im Unternehmen hat: gut ausgestattete zentrale Service-Einheit oder personell dünn besetzt und überwiegend damit beschäftigt, die IT funktionsfähig zu halten, sind daher die beiden Pole, die hier anzutreffen sind. Dabei führt der letztgenannte Fall praktisch zwangsläufig zu höheren Aufwendungen für Outsourcing.

Die IT-Administration verfügt in Sachen IT-Sicherheit über natürliche Kooperationspartner, falls die entsprechenden Positionen im Unternehmen besetzt sind:

- der **Datenschutzbeauftragte** sorgt für angemessene technische und organisatorische Maßnahmen, die häufig nicht nur dem Schutz personenbezogener Daten dienen,

- der **IT-Sicherheitsbeauftragte** bzw. Chief Information (Security) Officer (CIO bzw. CISO) hat die Aufgabe, Sicherheitskonzepte zu erstellen und Handlungsanweisungen zu entwerfen, wie mit Sicherheitsvorfällen umgegangen werden soll, was die IT-Administration erheblich von zusätzlicher Belastung befreit, und

- eine interne Kontrollstelle angesiedelt bei der inneren **Revision** überwacht üblicherweise die durchgeführten Prozesse und die daraus resultierenden monetären Strukturen, aus denen sich oft Sicherheitsprobleme ablesen lassen.

Neben der eher formellen Frage, ob spezielle Positionen besetzt sind oder ggf. gar nicht besetzt werden müssen (etwa aufgrund der Unternehmensgröße), und der Tatsache, dass eine Hauptlast für die Realisierung von IT-Sicherheit bei der IT-Administration liegt, besteht in der Praxis die Erfahrung, dass einer Verbesserung der IT-Sicherheit hauptsächlich ein fehlendes **Bewusstsein** bei Mitarbeitern und der Führungsetage entgegen steht, was die <kes>-Sicherheitsstudien daher regelmäßig unterstreichen (Mehrfachnennungen waren zulässig):

Hinderungsgründe	1998	2000	2002	2004	2006
Geld	40%	31%	46%	62%	55%
Bewusstsein bei Mitarbeitern	55%	60%	65%	51%	52%
Bewusstsein Top-Managment	50%	51%	50%	45%	45%
Bewusstsein mittl. Managem.	45%	38%	61%	42%	37%
verfügb. kompetente Mitarb.	34%	38%	37%	33%	32%
Durchsetzungsmöglichkeit	30%	29%	38%	28%	31%
strategische Grundlagen	28%	38%	34%	31%	29%
Kontrollen auf Einhaltung	27%	26%	34%	29%	27%
unvorbereitete Anwendungen	-----	-----	22%	17%	25%
Nichtumsetzen vorh. Konzepte	12%	14%	20%	18%	22%
realisierbare (Teil-)Konzepte	19%	15%	21%	16%	19%
geeig. Methoden & Werkzeuge	20%	21%	18%	18%	16%
geeignete Produkte	10%	14%	12%	17%	13%
praxisorient. Sicherheitsberater	9%	11%	10%	8%	8%

Abbildung 22: Was IT-Sicherheit verhindert

Gerade das **fehlende Bewusstsein** ist ein Einfallstor für eher sozial motivierte Angriffsarten. Angreifer bedienen sich nämlich zunehmend neuer Angriffsformen wie Social Engineering bzw. Identity Theft. Bei **Social Engineering** geht es um das Ausfragen und die Manipulation von Menschen unter Vorspiegelung falscher Tatsachen. Bei **Identity Theft** wird die Identität eines Betroffenen dadurch gestohlen, dass identitätsfeststellende Informationen (z.B. die Sozialversicherungsnummer in den USA) in Erfahrung gebracht und für eigene Zwecke missbraucht werden. **Phishing-Attacken** funktionieren ebenfalls nur gegenüber nicht geschulten und bewusst agierenden Personen.

Erfahrungsgemäß steigt das Sicherheitsbewusstsein aber deutlich (zumindest vorübergehend) bei einem **Sicherheitsvorfall** an. Bei diesem gewinnt ein Unternehmen zugleich praktische Erfah rungen im Umgang mit Krisensituationen. Diese Erfahrung kann bereits durch entsprechende Sicherheitsübungen (vergleichbar zu Brandschutzübungen) gesammelt werden.

1.6 Zusammenfassung

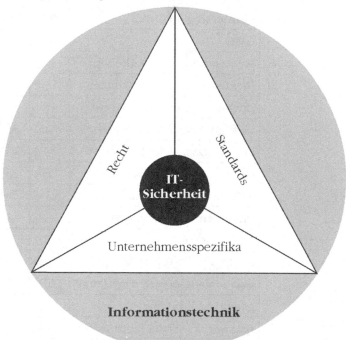

Abbildung 23: Grundlagen der IT-Sicherheit

Die Gestaltung der IT-Sicherheit in einem Unternehmen ist von vier zentralen Faktoren abhängig:

- den rechtlichen Anforderungen zur Gewährleistung der Compliance,
- den informationstechnischen Anforderungen als allgemeine Rahmenvorgabe,
- den existierenden Sicherheitsstandards als Umsetzungsbeispiele zur Gewährleistung von Compliance und
- den unternehmensspezifischen Anforderungen.

1.6.1   **Zusammenfassung: rechtliche Anforderungen**

Bei den rechtlichen Anforderungen an IT-Sicherheit sind die gesetzlich bestimmten Sorgfaltspflichten ausschlaggebend. Verantwortliche Personen haben demnach in Übereinstimmung mit Gesetz, Gesellschaftsbeschlüssen und unter Vermeidung risikoreicher Geschäftsvorfälle zu handeln. Dies haben sie im Zweifel nachzuweisen. Erforderlich ist daher bei Kapitalgesellschaften und Mehrpersonengesellschaften die Einrichtung eines Risikomanagements, das die Geschäftskontinuität zur Zielsetzung hat. Für DV-gestützte Buchführungssysteme gibt es zahlreiche detaillierte Anforderungen, gerade auch dann, wenn es um steuerlich relevante Vorgänge geht. Aufbewahrungspflichten und das gewählte Datensicherungskonzept spielen eine große Rolle.

Werden mit der eingesetzten Informationstechnik personenbezogene Daten erhoben, verarbeitet oder genutzt, greifen datenschutzrechtliche Bestimmungen, da die Betroffenen grundsätzlich selbst über die Preisgabe und Verwendung ihrer personenbezogenen Daten bestimmen dürfen. Datenschutzrechtliche Anforderungen strahlen sowohl auf die innerbetriebliche Organisation aus, als auch auf die zu ergreifenden technischen und organisatorischen Maßnahmen. Die Datenverarbeitung unterliegt der Zweckbindung und darf nur auf der Grundlage einer gesetzlichen Vorschrift, eines Vertragsverhältnisses, eines vertragsähnlichen Vertragsverhältnisses oder einer Einwilligung des Betroffenen erfolgen. Der Umgang mit besonders sensiblen Daten erfordert höhere Schutzanforderungen.

Beim Einsatz elektronischer Kommunikationsmedien sind grundsätzlich immer geeignete Maßnahmen zu ergreifen, um Störungen und unerlaubte Zugriffe abzuwehren. Bei einer rein dienstlichen Nutzung ist das Fernmeldegeheimnis irrelevant, ansonsten schränkt dies insbesondere die Aufzeichnung von Kommunikationsdaten bezüglich des Inhalts als auch hinsichtlich der Kommunikationsverbindung ein. Anfallende Verbindungsdaten sind als personenbezogene Daten anzusehen, die damit zugleich dem Datenschutz unterliegen.

Flankiert werden die handelsrechtlichen, datenschutzrechtlichen und kommunikationsrechtlichen Anforderungen durch ein umfangreiches Haftungs-, Ordnungs- und Strafrecht, das Zuwiderhandlungen (auch hinsichtlich urheberrechtlichen Anforderungen) wirksam sanktioniert. Entscheidend ist dabei, wen welcher Grad des Verschuldens trifft. Vorausgesetzt wird aber, dass die gewählten Maßnahmen dem Stand der Technik entsprechen. Für Provider wurden zahlreiche Haftungsprivilegien geschaffen.

In jedem Bereich der rechtlichen Anforderungen werden Maßnahmen verlangt, die sich letztlich in einem Risikomanagement bündelt:

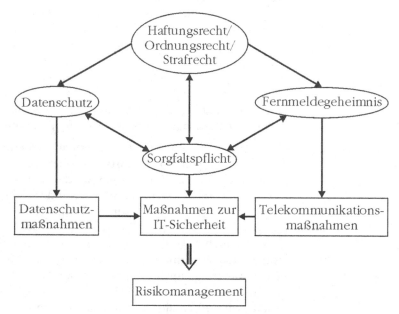

Abbildung 24: Sicherheitsrechtliches Zusammenspiel

1.6.2   **Zusammenfassung: informationstechnische Anforderungen**

Der "Rohstoff" der Informationstechnik – die Information – lässt sich oft nur mühsam in den gewohnten rechtlichen Rahmen integrieren. Die Information ist zu unterscheiden von Daten, die noch kontextfrei vorliegen und aus interpretierten Zeichen bzw. Signalen bestehen. Zur Information werden Daten erst unter Hinzufügen eines Bedeutungskontextes.

Die Fortentwicklung der Informationstechnik hinsichtlich Rechengeschwindigkeit, Speicherkapazität und Miniaturisierung bei gleichzeitigem Preisverfall verlief rasant. Informationstechnik ist inzwischen allgegenwärtig und erzeugt eine zunehmende Abhängigkeit. Die Komplexität eingesetzter Hard- wie Software ist ebenfalls deutlich gestiegen, so dass schon im Entstehungsprozess Lücken entstehen, die für Angreifer interessant sind.

Unternehmen sind vielfachen informationstechnischen Bedrohungen ausgesetzt, die überwiegend unbeabsichtigt erfolgen,
aber in zunehmenden Maße auch aus Angriffen resultieren. Das
Eindringen in IT-Systeme kann auf unterschiedlichem Wege erfolgen, was die Wahl der geeigneten Abwehrmechanismen erheblich erschwert.

Die verschiedenen Bedrohungen erfordern Gegenmaßnahmen
bei der Architektur und im laufenden Betrieb eingesetzter IT-
Systeme:

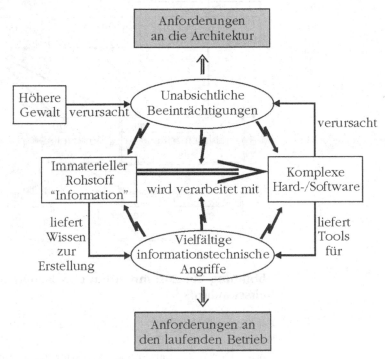

**Abbildung 25: Zusammenspiel informationstechnischer
Bedrohungen**

1.6.3   Zusammenfassung: beachtenswerte Sicherheitsstandards

Die rasche Fortentwicklung der Informationstechnik erfordert eine Standardisierung, die sich auf den Stand der Technik auswirkt, der wiederum in juristischen Betrachtungen eine wichtige
Rolle spielt.

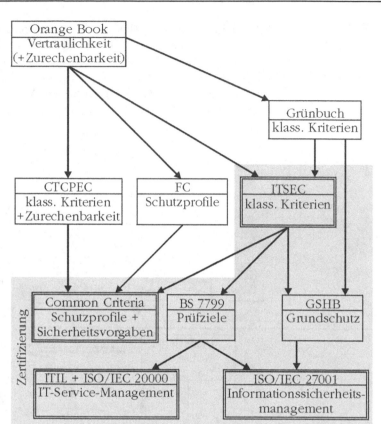

Abbildung 26: Zusammenhang zwischen wichtigen Sicherheitsstandards

Die erste umfassende Darstellung eines methodischen Kriterienkatalogs aus dem Bereich der IT-Sicherheit lieferte das Orange Book. Deren fundamentale Anforderungen und Zusicherungen sind zeitlos gültig, so dass dieses Modell alle späteren Kriterienkataloge maßgeblich beeinflusst hat. Der Schwerpunkt lag auf der Sicherstellung der Vertraulichkeit und teilweise auf Zurechenbarkeit.

In Deutschland wurden beim Grünbuch erste eigene Kriterien zur Bewertung von IT-Sicherheit erstellt, die auf die klassischen Sicherheitsziele Vertraulichkeit, Integrität und Verfügbarkeit abzielen. Die dabei erfolgte Trennung funktionaler Anforderungen einerseits und qualitativer Vertrauensstufen andererseits war für alle weiteren Kriterien maßgeblich.

Auf europäischer Ebene folgten die ITSEC, die insbesondere bei EU-Projekten nach wie vor aktuell gültig sind. Diese orientieren sich wie das Grünbuch an den klassischen Sicherheitszielen, behandeln Funktionalität als Sicherheitsvorgaben getrennt von qualitativen Bewertung und beurteilt die Stärke eingesetzter Sicherungsmechanismen nach dem Grad, wie leicht ein Angreifer diese überwinden kann. Die Evaluationsstufen entsprechen weitgehend denen des Orange Books. Eine Zertifizierung nach ITSEC ist möglich.

Die Common Criteria sind der international gültige Standard und damit in vielen Ländern der ausschlaggebende Standard bei der Bewertung der IT-Sicherheit von IT-Systemen bzw. IT-Produkten. Funktionalitätsklassen und Zusicherungen qualitativer Angaben werden weiterhin getrennt betrachtet, die Bewertung erfolgt anhand von Schutzprofilen und Sicherheitsvorgaben, die von der der zuzuordnenden Kategorie abhängen. Nach den Common Criteria kann eine Zertifizierung erfolgen, die bei grundlegenden IT-Systemen bzw. IT-Produkten oftmals Grundlage für die Auftragsvergabe ist.

Für die meisten Unternehmen ist die Gewährleistung eines mittleren Grades an IT-Sicherheit ausreichend. Dieses wird flexibel durch die geeignete Modellierung des zu untersuchenden IT-Verbunds auf der Grundlage der IT-Grundschutz-Kataloge erreicht. Komponenten, die einen höheren Schutzbedarf haben, werden mit entsprechend höheren Anforderungen eingebunden. Für jeden gewählten Baustein sind entsprechende technische und organisatorische Maßnahmen angegeben, mit denen ein effektives Informationssicherheitsmanagement betrieben werden kann. Das ehemalige IT-Grundschutzhandbuch wurde so umgestaltet, dass nunmehr eine Zertifizierung nach der ISO/IEC 27001 möglich ist.

Das Informationssicherheitsmanagement steht im Zentrum des neuen internationalen Standards aus der Familie der ISO/IEC 27000ff, zu der auch die ISO/IEC 17799 und Teile der ISO/IEC 13335 zählen. Maßgeblich ist hier der britische Standard BS 7799 eingeflossen und eine Zertifizierung erreichter Informationssicherheit möglich. Es sind zahlreiche Sicherheitsbereiche angegeben, die eine ganzheitliche Betrachtung und ein effektives Risikomanagement eingesetzter Informationstechnik ermöglichen. Außerdem wird ein bewährtes Vorgehensmodell angewandt, das einen kontinuierlichen Prozess zur Grundlage hat.

Eine Ansammlung verschiedener Bände zur Informationstechnik führt ITIL zusammen und definiert so einen Standard, der über die ISO/IEC 20000 zertifizierbar ist. Entscheidend ist dabei eine prozessbezogene Sichtweise der IT-Dienstleistungen. In diesem Rahmen sind grundlegende Standards definiert, etwa zu Service Level Agreements, die sich längst auf dem Markt durchgesetzt haben. Bei der Zertifizierung findet eine enge Verschränkung zur ISO/IEC 17799 statt. Das u.a. in der ISO/IEC 27001 angewandte Vorgehensmodell findet auch hier seine Berücksichtigung.

1.6.4   **Zusammenfassung: unternehmensspezifische Anforderungen**

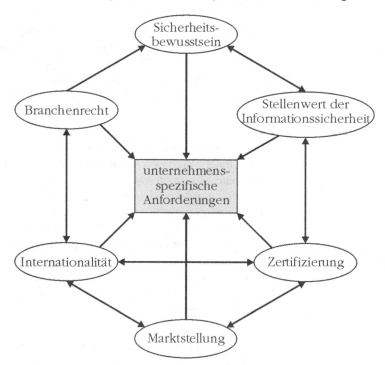

Abbildung 27: Einflussgrößen der Unternehmensspezifika

Auf die Gestaltung der IT-Sicherheit in einem Unternehmen üben die branchenspezifischen rechtlichen Vorgaben einen entscheidenden Einfluss aus, insbesondere dann, wenn das Unternehmen international tätig ist. Vorgaben für den Bankensektor im Rahmen von Basel II wirken sich auch auf Unternehmen aus. Der Nachweis guter Praxis durch entsprechende Zertifizierungen wird immer wichtiger. Gleichzeitig sind zunehmend Angriffe auf die Betriebs- und Geschäftsgeheimnisse abzuwehren.

Entscheidend bei der innerbetrieblichen Organisation ist die Zufriedenheit der Mitarbeiter und der Stellenwert der Informationssicherheit im betreffenden Unternehmen. Hierbei ist es hilfreich, wenn die vorgesehenen Positionen des Datenschutzbeauftragten, des IT-Sicherheitsbeauftragten und der internen Informationsverarbeitungsrevision besetzt sind. Das Bewusstsein der Mitarbeiter und insbesondere des Managements ist durch geeignete Maßnahmen zu verbessern.

2 Mehrseitige IT-Sicherheit

Die klassischen Sicherheitskriterien (Gewährleistung von Verfügbarkeit, Integrität und Vertraulichkeit) sind inzwischen allgemein akzeptiert. Daher werden deren Einhaltung bei zahlreichen Anforderungen zur IT-Sicherheit ausdrücklich verlangt. Abhängig von konkreten Fragestellungen wurden die klassischen Sicherheitskriterien in Kapitel 1 um weitere Schutzziele erweitert. Aus diesen Gründen entstand das Konzept mehrseitiger IT-Sicherheit. Dadurch wird nicht nur die Verlässlichkeit von IT-Systemen gewährleistet, sondern auch die Beherrschbarkeit. Bei mehrseitiger IT-Sicherheit werden deshalb alle beteiligten Interessengruppen in die Gestaltung der IT-Sicherheit einbezogen.

2.1 Grundsätze mehrseitiger IT-Sicherheit

Bei mehrseitiger IT-Sicherheit wird nicht nur die technische Dimension der IT-Sicherheit auf der Basis der klassischen Sicherheitskriterien betrachtet, sondern auch die Interessen aller beteiligten Interessengruppen. Dies erfordert einen Aushandlungsprozess, der so zu gestalten ist, dass jeder Verhandlungspartner nur eine minimale Voraussetzung in die Vertrauenswürdigkeit der anderen Verhandlungspartner setzen muss. Dabei kann zwischen unbeabsichtigten Ereignissen und beabsichtigten Angriffen unterschieden werden.

2.1.1 Grundsatz des Ausgleichs unterschiedlicher Interessen

Der Ansatz der mehrseitigen IT-Sicherheit wurde maßgeblich vom Ladenburger Kolleg "Sicherheit in der Kommunikationstechnik" entwickelt. Eine computergestützte Telekommunikation erfordert aus Sicht des Ladenburger Kollegs **spezielle Sicherheitsinteressen**, um gewünschte Schutz- und Freiräume beibehalten zu können. Insofern wurden die klassischen Sicherheitskriterien Verfügbarkeit, Integrität und Vertraulichkeit vor allem um den Aspekt der Zurechenbarkeit erweitert, so dass jederzeit festgestellt werden kann, wer für die Absendung einer Nachricht verantwortlich ist. Mit der Formulierung "vor allem" wurde 1997 angedeutet, dass es möglicherweise weitere Ziele mehrseitiger IT-Sicherheit geben könnte.

Bei der computergestützten Telekommunikation sollen die Interessen **aller beteiligten Parteien** (Nutzer, Diensteanbieter, Netzbetreiber) gewahrt werden. Bei der technischen Realisierung mehrseitiger IT-Sicherheit sind aufgrund der jeweiligen Interessen die Einhaltung der Grundsätze der Datensparsamkeit und der Dezentralisierung gefordert.

Mehrseitige IT-Sicherheit kann nach Rüdiger Dierstein **dual** betrachtet werden. Die Verlässlichkeit der IT-Sicherheit kann dabei als Sicherheit der Systeme angesehen werden. Dieser wird die Sicherheit vor den Systemen im Sinne der Beherrschbarkeit gegenüber gestellt. Dies dient vor allem den Interessen der Betroffenen.

Gleichwohl werden bei mehrseitiger IT-Sicherheit nicht nur die Betroffenen mit einbezogen, sondern alle Beteiligte (also auch Systemersteller und Systembetreiber). Neben der Zurechenbarkeit wurde als weiteres Ziel der **Beherrschbarkeit** die (Rechts-) Verbindlichkeit benannt, die inzwischen aufgrund der geforderten Gewährleistung der Compliance grundlegend ist. Dies greift letztlich wieder Erkenntnisse aus dem Forschungsprojekt "Referenzmodell für sichere IT-Systeme (REMO)" auf.

Der Aushandlungsprozess wird als verbindlicher **Rahmen** für die Gewährleistung der Ziele mehrseitiger IT-Sicherheit angesehen, die sich wiederum unter der Sichtweise der Dualität festmachen lässt.

Die an einem IT-System von Entstehung bis Einsatz beteiligten Personen können ihre unterschiedlichen Sicherheitsinteressen miteinander in einem **Prozess aushandeln**, der wie folgt beschrieben werden kann:

- die Beteiligten formulieren ihre spezifischen Sicherheitsinteressen,

- die sich daraus ergebenden zu lösenden Schutzkonflikte werden erkannt und benannt,

- die Lösung der Schutzkonflikte erfolgt durch Aushandlung eines Kompromisses und

- alle Beteiligten können eigene Schutzinteressen bei dem gefundenen Kompromiss durchsetzen.

Um die gewohnte und an der technischen Dimension von IT-Sicherheit orientierte Dreiteilung der bestimmenden Sicherheitsfaktoren Verfügbarkeit, Integrität und Vertraulichkeit auch unter der Betrachtung mehrseitiger IT-Sicherheit aufrecht erhalten zu können, werden vereinzelt in der Literatur Aspekte der Beherrschbarkeit von IT-Systemen einem dieser klassischen Sicherheitskritieren zugeordnet (z.B. erfolgt teilweise eine Subsummierung der Zurechenbarkeit unter die Integrität) und weitere, zweifellos wichtige Ziele der Kommunikation wie Anonymität oder Unbeobachtbarkeit bei der Vertraulichkeit eingeordnet. Die Zuordnung **weiterer Kommunikationsziele** zu einem der fünf definierten Ziele mehrseitiger IT-Sicherheit erfolgt auch an dieser Stelle.

Die **Ziele** mehrseitiger IT-Sicherheit werden demnach von der Gewährleistung der Verfügbarkeit, Integrität und Vertraulichkeit einerseits und der Zurechenbarkeit und Rechtsverbindlichkeit andererseits verwirklicht.

Somit lässt sich mehrseitige IT-Sicherheit in Abhängigkeit der zu erreichenden Ziele bestimmen:

Definition: Mehrseitige IT-Sicherheit

Schutz von Hardware, Software und Daten vor Gefährdungen vereinbarter Verfügbarkeit, Integrität, Vertraulichkeit, Zurechenbarkeit und Rechtsverbindlichkeit.

2.1.2 Grundsatz minimalen Vertrauens

Bei mehrseitiger IT-Sicherheit gilt bei dem Aushandlungsprozess der Grundsatz, den Grad an IT-Sicherheit zu erreichen, bei dem **möglichst wenig Vertrauen in Andere** gesetzt werden muss. Insbesondere bei offenen Kommunikationssystemen können alle Beteiligten prinzipiell als potentielle Angreifer angesehen werden.

Da die Ersteller eines IT-Systems Hilfsmittel anderer Produzenten einsetzen, ist der Grad des Vertrauens bei IT-Systemen an sich schon recht hoch: Universelle **Trojanische Pferde**, die ein Angreifer noch nach der Unterbringung im entsprechenden Hilfsmittel steuern kann, oder gar transitive Trojanische Pferde, die selbst (universelle) Trojanische Pferde erzeugen, stellen ein permanentes Risiko bei IT-Systemen dar, da die entsprechende Schadensfunktion jederzeit ausbrechen kann.

Bei der **Realisierung mehrseitiger IT-Sicherheit** wird daher unterschieden in:

- unilateral erreichbarer Schutz, der unmittelbar von der Sicherheit eingesetzter IT-Systeme abhängt und vom einzelnen Nutzer i.d.R. nur schwer zu erreichen ist, da dieser nur selten das verwendete IT-System komplett überprüfen kann,

- bilateral erreichbarer Schutz, der zwischen zwei Parteien (etwa zwischen Nutzer eines IT-Systems und Produzent des genutzten IT-Systems) gewährleistet sein muss, indem z.B. die Ausforschungssicherheit zugesichert wird, und

- trilateral oder gar multilateral erreichbarer Schutz, der nur durch die Kooperation mehrerer Parteien erreicht werden kann.

Tri- oder multilateral erreichbarer Schutz erfordert daher die Umsetzung einer **Mediation**. Diese Stelle muss von allen beteiligten Seiten als vertrauenswürdig eingestuft werden (**trusted third party**). Hierzu ist der Nachweis der Vertrauenswürdigkeit gefordert, der durch eine Zertifizierung mehrseitiger IT-Sicherheit (u.U. als Erweiterung bestehender Zertifizierungen) erfolgen könnte: Die offene Definition der Schutzprofile und Sicherheitsvorgaben bei den Common Criteria ermöglichen dies – vor allem in Kombination mit einem nachgewiesenen Informationssicherheitsmanagement nach ISO/IEC 27001. Zum anderen existieren bereits gesetzlich bestimmte unabhängige und vertrauenswürdige Instanzen, etwa bei der qualifizierten elektronischen Signatur, bei der Zertifizierung von Unternehmen, IT-Systemen bzw. IT-Produkten oder auch beim Datenschutz.

Der **Grad erforderlichen Vertrauens** hängt allerdings davon ab, als wie schützenswert die mittels des einzusetzenden IT-Systems zu verarbeitenden Daten angesehen werden und in welcher Sicherheitsumgebung das IT-System betrieben werden soll.

2.1.3   Die Unterscheidung von Safety und Security

Da jede beteiligte Partei letztlich selbst bestimmt, wie viel Vertrauen sie den anderen Parteien jeweils entgegenbringen will bzw. muss, wird eine klare **begriffliche Trennung** des Schutzes gegen beabsichtigte Angriffe einerseits und gegen unbeabsichtigte Ereignisse andererseits begünstigt. Dies manifestiert sich an der Unterscheidung von Security gegenüber Safety, was Rüdiger Dierstein jedoch für irreführend ansieht, da die für die Unterscheidung maßgebliche Intentionalität nicht zweifelsfrei nachgewiesen werden könne.

Zugunsten einer methodisch motivierten Darstellung wird diese Unterscheidung in Safety und Security jedoch aufrecht erhalten, gerade weil es für die aufgeführten Aspekte aus den Grundlagen im ersten Kapitel hilfreich ist und sie sich z.B. im **V-Modell XT** (siehe Abschnitt 2.4.2 Softwareerstellung nach dem V-Modell XT) und bei den Gefährungskatalogen in den **IT-Grundschutz-Katalogen** des BSI entsprechend widerspiegelt (siehe Abschnitt 1.4.5 IT-Grundschutz-Kataloge).

Der Schutz vor unbeabsichtigten Ereignissen wird üblicherweise als **Safety** bezeichnet. Dabei werden im Wesentlichen Aspekte der Verfügbarkeit der IT-Systeme im Sinne einer Verfahrens- bzw. Betriebssicherheit (**reliability**) verstanden. Darunter fallen im Einklang mit den Vorgaben aus dem aktuellen V-Modell XT insbesondere die Gewährleistung von Zuverlässigkeit (das IT-System liefert stabil Ergebnisse entsprechend den Vorgaben der Spezifikation), Fehlertoleranz (das IT-System fängt fehlerhafte Eingaben geeignet ab) und Korrektheit (das IT-System liefert überprüfbar richtige Ergebnisse).

Weitere Grundvoraussetzungen im Bereich Safety wären, um diese Anforderungen aus dem V-Modell XT adäquat erfüllen zu können, ebenfalls die Prüfbarkeit (zur Feststellung der Verfahrens- bzw. Betriebssicherheit) und die Änderbarkeit (zur Anpassung an informationstechnische wie auch an rechtlichen Fortentwicklungen) von IT-Systemen sowie die Vollständigkeit, Aktualität und Konsistenz der Dokumentation. Damit kann Safety als **Funktionssicherheit** bzw. **Ausfallsicherheit** gekennzeichnet werden.

Als **Gefahren für die Safety** können angesehen werden:

- höhere Gewalt (z.B. Stromausfall, Blitzschlag, Brand, Wasserschaden, Sturmschaden, Verschmutzung, starke Magnetfelder, Personalausfall in Folge von Krankheit, Unfall, Tod oder Streik),

- technische Fehler, z.B. durch das Umkippen von Bits bei der Übertragung von Daten bzw. aufgrund von Spannungsschwankungen, durch Systemausfälle aufgrund von Überlast oder schlicht durch Verschleiß der eingesetzten Technik aufgrund von Abnutzung oder aufgrund des Alterns von Datenträgern,

- Defekte an Hard- oder Software, z.B. durch fehlerhafte Installation aufgrund mangelhafter Kompatibilität oder durch die Korrosion von Komponenten, und

- unbeabsichtigte Bedienungsfehler, z.B. aufgrund einer mangelhaften Dokumentation des IT-Systems, durch schlichte Fehleingabe bzw. versehentlicher Datenlöschung oder aufgrund eines Datenschwunds bei der Migration.

Die ersten beiden Punkte können als zufällige Ereignisse angesehen werden, die anderen beiden Punkte sind dagegen als unbeabsichtigte Fehler zu werten.

Gegen die Gefahren für die Safety gibt es abschließbare Versicherungen (z.B. gegen höhere Gewalt) und es bestehen meist entsprechende Haftungsverpflichtungen von Dienstleistern, die für entsprechende Fehler verantwortlich zeichnen, wobei hier stets die Frage der Mitschuld zu klären ist. Insofern lässt sich dieser Bereich relativ gut in einem **Notfall-Vorsorge-Konzept** regeln und beeinflusst maßgeblich die gewählte Architektur des IT-Systems.

Unter **Security** wird üblicherweise dagegen der Schutz gegen beabsichtigte Angriffe verstanden. Nach der 1989 verabschiedeten ISO 7498-2 (Information Processing Systems – Open Systems Interconnection – Basic Reference Model; Part 2: Security Architecture) lassen sich entsprechende Bedrohungen der Netzwerksicherheit in aktive und passive Angriffe unterscheiden, was sich auch generell als gute Unterteilung anbietet.

Demnach zählen zu **passiven Angriffen** insbesondere:

- Abhören/Mitlesen bei der Authentifizierung,

- Abhören/Mitlesen gespeicherter oder übertragener Daten bzw. Konfigurationseinstellungen bei Hard- oder Software und

- Analysen des Kommunikationsverhaltens.

Zu den **aktiven Angriffen** zählen dagegen insbesondere:

- Manipulation an Daten oder Einstellungen in der Hard- bzw. Software,

- Wiederholung, Verzögerung, Umleitung bzw. Abklemmen von Datenübertragungen,

- Störungen bei der Speicherung oder Übertragung von Daten, z.B. durch Leugnen von Kommunikationsbeziehungen, und

- Zusendung bzw. Download von Malware.

Angriffe sind als **vorsätzliche Handlung** einzustufen, für die letztlich eine Person verantwortlich ist. Für das Opfer eines Angriffs kann es sich dagegen auch als maschineller Angriff darstellen, hinter den dennoch am Ende der Kausalkette doch wieder eine Person sitzt. Gegen die entsprechenden Bedrohungen kann nur in Form eines aktuellen **Sicherheitskonzepts** entgegen gewirkt werden, zumal sich die Angriffsformen stark wandeln (siehe Abschnitt 1.3.3   Informationstechnische   Bedrohungen).

2.2   Verlässlichkeit von IT-Systemen

Unter Verlässlichkeit von IT-Systemen ist zu verstehen, dass keine unzulässige Beeinträchtigung der IT-Systeme, der gespeicherten Daten und der genutzten Funktionen bzw. Prozesse im Bestand, ihrer Nutzung oder ihrer Verfügbarkeit erfolgt. Dies manifestiert sich an den klassischen Sicherheitskriterien Verfügbarkeit, Integrität und Vertraulichkeit.

2.2.1   Verfügbarkeit

Im Zentrum der Gewährleistung von IT-Sicherheit steht die Verfügbarkeit, zumal eine Störung dieser Sicherheitsvorgabe als erstes festgestellt werden kann und sich auf die anderen Sicherheitsvorgaben direkt auswirkt, was insbesondere daran liegt, dass Verfügbarkeit sowohl für die Safety als auch für die Security grundlegend ist.

> **Definition: Verfügbarkeit (availability)**
> Gewährleistung, dass das IT-System (für befugte Nutzer) zugänglich und funktionsfähig ist.

Unter Verfügbarkeit ist also zu verstehen, dass ein (von einer befugten Person oder durch einen befugten Prozess ausgelöster) Prozess in vorgesehener Weise, zum geplanten Zeitpunkt und im vorgegebenen Zeitrahmen ausgeführt wird. Dies ist nur dann möglich, wenn die zur Verarbeitung **erforderlichen Ressourcen** (IT-Systeme inkl. aller Komponenten), aber eben auch die Daten (Nutzdaten, Passwortdaten, Konfigurationsdaten und Protokolldaten!) für die Verarbeitung erreichbar sind, genutzt werden können und vor Ausfällen und Verlust geschützt sind. Verfügbarkeit betrifft daher sowohl die Fehlertoleranz durch Redundanz als auch die Vollständigkeit des Datenbestandes. Zu den Nutzern zählen hier Personen und Prozesse.

Bei den Angriffen aus dem Internet ist die Beeinträchtigung der Verfügbarkeit daher auch mit zunehmender Bedeutung versehen (siehe Abschnitt 1.3.3 Informationstechnische Bedrohungen).

Als **Ausfallzeit** durch nicht verfügbare Server, Anwendungen oder Netzwerke bei Unternehmen und Behörden wurden gemäß der Erhebung der Zeitschrift InformationWeek zur "IT-Security 2004" angegeben:

- zu 32,5 % keine Ausfallzeit,

- zu 27,8 % eine Ausfallzeit unter vier Stunden,

- zu 13,4 % eine Ausfallzeit zwischen vier und acht Stunden,

- zu 8,6 % eine Ausfallzeit zwischen acht und 24 Stunden,

- zu 5,3 % eine Ausfallzeit zwischen einem und drei Tagen und

- zu 2,3 % eine Ausfallzeit über drei Tage.

Als allgemeine **Gründe für Ausfälle** bei Computer-Systemen werden von Jochen Sommer genannt:

- zu 39 % Hardware-Fehler (davon zu 51 % im Bereich des Plattenspeichers),

- zu 31 % Fehler und Abstürze in Software-Programmen (davon zu 62 % durch das Betriebssystem),

- zu 18 % Bedienungsfehler und

- zu 12 % Fehler aufgrund externer Quellen wie Stromausfall oder Wasserschäden.

Die durchschnittlichen **Ausfallzeiten aufgrund informationstechnischer Sicherheitsvorfälle** ergeben dagegen nach den <kes>-Sicherheitsstudien folgendes Bild:

Sicherheitsvorfall	2002	2004	2006
Virus-/Wurm-Infektion	94 Std	55 Std	48 Std
Hoax	13 Std	10 Std	36 Std
Fehlalarm	10 Std	6 Std	25 Std
Spyware-Befall	-----	-----	16 Std
(erfolgreicher) Online-Angriff	-----	-----	3 Std
Phishing	-----	-----	2 Std

Abbildung 28: Ausfallzeiten durch informationstechnische Angriffe

Die **Verfügbarkeit einer IT-Komponente** kann, da hier konkrete Messmethoden vorliegen, mathematisch wie folgt definiert werden, wobei "vereinbart" auch im Sinne von "festgelegt" interpretiert werden kann:

$$\text{Verfügbarkeit einer IT-Komponente} = \frac{(\text{vereinbarte Servicezeit} - \text{Ausfallzeit})}{\text{vereinbarte Servicezeit}} \text{ [in \%]}$$

Die entsprechenden Zeiten werden üblicherweise in der Form Stunden * Tage * Wochen angegeben (klassischerweise also 24*7*52 für 100-%-ige Zeitangaben). Dabei ist jedoch zu beachten, dass bei der vereinbarten Servicezeit die geplanten **Wartungszeiten** nicht berücksichtigt werden, da Systemausfälle in diesem Zeitraum ausdrücklich durch die Vereinbarung abgedeckt sind (stellt also eine "geplante Nichtverfügbarkeit" dar, die nicht als Ausfallzeit zu werten ist).

Die **Verfügbarkeit eines IT-Systems** ist folglich als Produkt der Verfügbarkeiten ihrer jeweiligen Komponenten definiert:

$$\text{Verfügbarkeit eines IT-Systems} = \Pi \, (\text{Verfügbarkeit aller IT-Komponenten})$$

Besteht ein (lokales) IT-System beispielsweise aus drei Komponenten (Anwendungsprogramm, Betriebssystem und Hardware), die jeweils 99 % Verfügbarkeit aufweisen, liegt die gesamte Verfügbarkeit lediglich bei 97 % (genau genommen bei 97,0299 %). Ist das lokale IT-System Teil eines übergeordneten IT-Verbundes, indem der entsprechende Client noch mit einem Server kommuniziert, so sind neben der Verfügbarkeit des Servers auch die Verfügbarkeit der beteiligten Netzkomponenten zu beachten. Ein Server sollte zudem eine höhere Verfügbarkeit aufweisen als ein Client.

Bei der Vereinbarung von Verfügbarkeiten innerhalb von Service Level Agreements (**SLAs**) wird daher zum einen die Verfügbarkeit entsprechend der zu betrachtenden Komponenten bzw. Systemen angegeben und zusätzlich unterschieden zwischen:

- **mean time between failures** (MTBF), also der Zeit zwischen zwei fehlerbedingten Ausfällen, die bestimmt wird durch die Gesamtbetriebszeit dividiert durch die Gesamtzahl aller aufgetretenen Fehler, und der

- **mean time to repair** (MTTR), also der (Ausfall-) Zeit zwischen Fehlererkennung und Behebung des Fehlers, die bestimmt wird durch die Summe der Reparaturzeit (inkl. der Zeit bis zur Ausfallerkennung) dividiert durch die Gesamtzahl aufgetretener Fehler.

Alternativ lässt sich dann – ebenfalls unter bewusster Vernachlässigung der Wartungszeiten, die nicht als Fehler anzusehen sind – für den einzelnen Dienst bestimmen:

$$\text{Verfügbarkeit eines Dienstes} = \frac{\text{MTBF}}{(\text{MTBF} + \text{MTTR})}$$

Da die Einhaltung vereinbarter Servicezeit bei den **SLA-Vereinbarungen** zentral ist, ist daher neben der präzisen Beschreibung des Dienstes selbst notwendigerweise zu definieren, wie die Verfügbarkeit gemessen wird. Überdies sollte auch vereinbart werden, in welcher Form und in welchem Rhythmus ein Reporting erfolgt, damit beide Vertragspartner entsprechende Feststellungen treffen und diese überprüfen können. Bei Nichteinhaltung vereinbarter Verfügbarkeiten greifen dann üblicherweise Vertragsstrafen und Eskalationsstufen.

Je wichtiger ein IT-System oder ein Datenbestand für das Unternehmen ist, desto höhere **Verfügbarkeitsanforderungen** sind zu stellen. Insofern ist ein Unternehmen gefordert, klare Prioritätensetzungen vorzunehmen und sich entsprechende Anforderungen an Verfügbarkeiten gewissenhaft und möglichst exakt zu bestimmen. Dies wirkt sich damit nachhaltig auf die komplette IT-Infrastruktur aus.

2.2.2   Integrität

Um überhaupt richtige Ergebnisse erhalten zu können, müssen die gespeicherten und übertragenen Daten korrekt sein. Dies wird über die Integrität gewährleistet, die wie folgt definiert wird:

Definition: Integrität (integrity)
Gewährleistung, dass die Daten des IT-Systems nur durch befugte Nutzer verändert werden.

Dies setzt also das Vorliegen originalgetreuer, unverfälschter und aktueller Daten voraus. Unbefugte **Manipulationen** an Daten (Nutzdaten, Passwortdaten, Konfigurationsdaten und Protokolldaten!) sowie an ihrer technischen Darstellung müssen feststellbar sein. Dabei ist ebenfalls eine unbemerkbare Manipulation technisch zu verhindern, so dass ein verwendeter Datensatz für den kompletten Zeitraum seiner Verarbeitung konsistent bleibt. Unter Nutzer sind auch hier sowohl Personen, als auch Prozesse zu verstehen.

Dies hat auch **Auswirkungen** auf das die Daten verarbeitende IT-System selbst, für das sichergestellt sein muss, dass keine unzulässigen Manipulationen vorgenommen werden (Programmintegrität). Um ungewollte Manipulationen aufgrund technischer Fehlerquellen (etwa durch Umkippen von Bits) zu minimieren, sind daher beispielsweise der Einsatz fehlerkorrigierenden Codes sowie Fehlermeldeverfahren zu implementieren. Die Zuverlässigkeit von Hardware oder Software wird üblicherweise durch entsprechende Zertifikate nachgewiesen.

Die Integrität zielt also auf die Vollständigkeit des Datenbestandes einerseits und auf die Konsistenz im Sinne einer hohen Datenqualität andererseits ab. Dies sicherzustellen ist eine wichtige Aufgabe der Wiederherstellung von Datenbeständen im Katastrophenfall (**disaster recovery**) und damit der **Datensicherung** an sich. Entsprechende Backup-Konzepte sind daher zur Gewährleistung der Integrität nach dem aktuellen Stand der Technik zu erstellen, was damit Anforderungen an die Lesbarkeit älterer Datenbestände trotz informationstechnischer Fortentwicklung mit einschließt.

Zugleich gehört zu einer hohen Datenqualität, dass die gespeicherten Daten dem gewählten Modell der Realität entsprechen (siehe auch Abbildung 7: Umwandlungsprozess bei der Datenverarbeitung), so dass durch geeignete und kontextbezogene Interpretation tatsächlich die gewünschten Informationen zugeordnet werden können. Damit setzt der Prozess der Sicherung von Integrität bereits bei der **Datenmodellierung** an. Dabei sind u.a. auch rechtliche Aspekte zu berücksichtigen, wie z.B. Löschungs- oder Sperrungsfunktionen bei personenbezogenen Daten.

Erforderlich ist ferner ein entsprechender **Zugriffsschutz**, der sicherstellt, dass nur befugte Nutzer (also Personen oder Prozesse) auf die Daten zugreifen können. Dabei sind ebenfalls temporäre Verzeichnisse zu berücksichtigen, um Angriffe in Form von Race Conditions abwehren zu können.

Die Schreibrechte sind bei der **Rechtevergabe** besonders sorgsam zu vergeben, um gerade versehentliche Modifikationen verhindern zu können. Die Überprüfbarkeit vorgenommener Modifikationen erfordert wiederum eine entsprechende umfassende **Protokollierung**. Eine befugte Änderung am Datensatz muss jedoch nicht protokolliert werden, solange dies nicht unter dem Aspekt hoher Datenqualität doch zu fordern ist.

Die Einhaltung der Integrität ist maßgeblich für die entsprechende Einstufung in die **Vertrauenswürdigkeit** eines Partners zur Aushandlung mehrseitiger IT-Sicherheit. Während die Verfügbarkeit die notwendige Voraussetzung für die Handlungsfähigkeit eines Unternehmens darstellt, ist die Integrität der Daten das entscheidende Gut für wirtschaftlichen Erfolg eines Unternehmens.

Zudem verlangt gerade die handelsrechtliche wie auch steuerrechtliche Überprüfbarkeit (nach den GoBS bzw. GDPdU) von Unternehmensdaten nicht nur die Existenz entsprechender Dokumente, sondern auch deren Originalität, Unversehrtheit und **Korrektheit**, was durch Maßnahmen zur Integritätssicherung (beispielsweise durch Einsatz geeigneter qualifizierter elektronischer Signaturen) zu gewährleisten ist.

Der **Nachweis** von Integrität kann (quasi als Abfallprodukt) mittels üblicher Authentifizierungsmechanismen (also i.d.R. mittels Hash-Funktionen) erbracht werden: Durch die Authentifizierung wird ein im Zuge der Authentisierung erfolgter Identitätsnachweis unter Einbeziehung des verknüpften Dokuments (bzw. der verknüpften Nachricht) überprüft. Dieser Nachweis kann symmetrisch oder asymmetrisch erfolgen.

Ein typisches Beispiel für eine **symmetrische Authentifizierung** ist der bei IPsec zum Einsatz kommende Message Authentication Code (MAC):

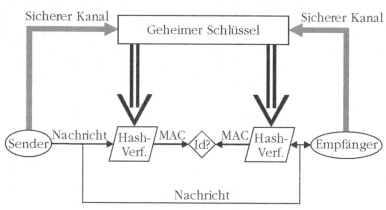

Abbildung 29: Symmetrische Authentifizierung: MAC

Eine typische **asymmetrische Authentifizierung** ist dagegen die digitale Signatur:

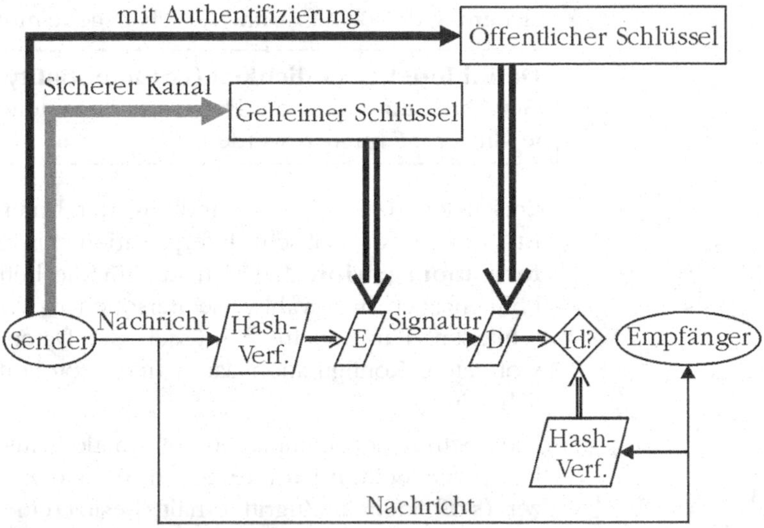

Abbildung 30: Asymmetrische Authentifizierung: digitale Signatur

Bei der Authentifizierung ist aber zu berücksichtigen, dass das verknüpfte Dokument bzw. die verknüpfte Nachricht selbst nicht dadurch vor unbefugter **Interpretation** geschützt ist – dies erfolgt mittels geeigneter Mechanismen zur Gewährleistung der Vertraulichkeit. Es kann lediglich festgestellt werden, ob das Dokument bzw. die Nachricht verändert wurde.

Hinsichtlich der zu verwendenden **Hash-Funktionen** ist allerdings zu bedenken, dass derzeit die mittels Merkle-Damgård-Design erstellten niederwertigen Hash-Funktionen (wie MD5 oder SHA-1) eher mit Vorsicht zu genießen sind, da inzwischen ein erfolgreicher Kollisionsangriff vorliegt. Der nötige Rechenaufwand ist aber hoch genug (2^{69} Operationen für Kollisionen beim SHA-1), dass auch diese Funktionen noch einen ausreichenden Schutz gewähren. Daher sollte vorzugsweise auf die höherwertigen Hash-Funktionen aus SHA-2-Familie oder RIPEMD-160 ausgewichen werden.

2.2.3 Vertraulichkeit

Das Sicherheitskriterium der Vertraulichkeit ist schließlich am schlechtesten von den Sicherheitskriterien der Verlässlichkeit nachzuweisen und eine Nichteinhaltung ggf. erst mit erheblicher Zeitverzögerung feststellbar. Dennoch ist gerade dieses Kriterium sowohl zur Gewährleistung von Compliance, als auch zur Absicherung der Betriebs- und Geschäftsgeheimnisse essentiell.

Definition: Vertraulichkeit (confidentiality)
Gewährleistung, dass die Daten des IT-Systems nur durch befugte Nutzer interpretiert werden.

Entscheidend für die Umwandlung der Daten in Informationen ist die kontextspezifische Interpretation. Ein entsprechender **Informationsgewinn** darf sich nur für die befugten Nutzer (dies können auch hier wahlweise Personen bzw. Prozesse sein) erschließen. Für Unbefugte müssen die Daten (Nutzdaten, Passwortdaten, Konfigurationsdaten und Protokolldaten!) unzugänglich sein.

Dies betrifft den kompletten Informationsfluss. Deshalb darf es keine **verdeckten Kanäle** geben, über die ein unbefugter Nutzer (s.o.) indirekt Zugriff erhält: besitzt eine Person nicht das Zugriffsrecht auf ein begehrtes Objekt, dafür jedoch auf einen Prozess, der über entsprechende Zugriffsrechte verfügt, so existiert ein verdeckter Zugriffskanal auf das begehrte Objekt für die betreffende Person.

Der **Zugriffsschutz** sollte dabei je nach Schutzwürdigkeit der Daten unterschiedlich ausfallen (differenzierter bzw. rollenbasierter Zugriffsschutz). Hierzu existieren zudem zahlreiche gesetzliche Vorschriften.

Das zentrale Instrument zur Gewährleistung der Vertraulichkeit ist neben einem wirksam greifenden Zugriffsschutz die **Verschlüsselung** von Daten, die symmetrisch oder asymmetrisch erfolgen kann. Das Grundschema für die symmetrische ist:

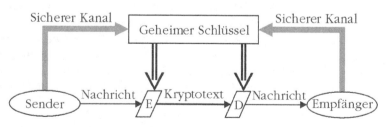

Abbildung 31: Symmetrische Verschlüsselung

Anstelle der Vereinbarung eines geheimen Schlüssels zwischen Sender und Empfänger über einen sicheren Kanal (Treffen, Bote, Mediator) wird häufig auch eine technische Vereinbarung zum entsprechenden Sitzungsschlüssel mittels des **Diffie-Hellmann-Verfahrens** getroffen, bei dem auch die Schlüsselvereinbarung über den unsicheren Kommunikationskanal durch Verwendung einer Einwegfunktion mit Falltür erfolgt. Unter einer Einwegfunktion mit Falltür wird eine mathematische Funktion verstanden, die bei der Verschlüsselung effizient berechnet werden kann, deren Umkehrfunktion zur Entschlüsselung jedoch ohne Kenntnis des geheimen Schlüssels nicht effizient berechnet werden kann.

Damit die Authentizität der beiden Kommunikationspartner gewahrt bleibt, wird bei einem symmetrischen Verschlüsselungsverfahren üblicherweise ein asymmetrisches Verfahren vorgeschaltet (etwa im Rahmen des SSL-Protokolls).

Das Schema für eine asymmetrische Verschlüsselung:

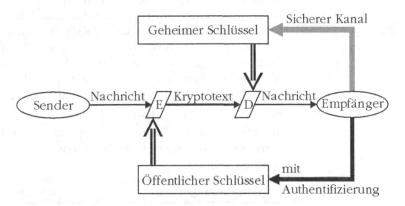

Abbildung 32: Asymmetrische Verschlüsselung

Symmetrische Verschlüsselungen sind wenigstens um den Faktor 100 schneller als asymmetrische. Andererseits ist der Schlüsselaustausch bei der asymmetrischen Verschlüsselung wesentlich effizienter:

Bei n Teilnehmern, die miteinander kommunizieren wollen, sind

bei der **symmetrischen Verschlüsselung** (über einen sicheren Kanal!)

$$\text{Anzahl auszutauschender Schlüssel} = \frac{n * (n-1)}{2} \text{ Schlüssel}$$

und bei der **asymmetrischen Verschlüsselung** lediglich (über einen Kanal, der nicht sicher sein muss)

Anzahl auszutauschender Schlüssel = n öffentliche Schlüssel

auszutauschen. Also nur ein linearer Faktor gegenüber dem quadratisch anwachsenden bei der symmetrischen Verschlüsselung.

Bei symmetrischen Verschlüsselungen werden typischerweise **Schlüssel** mit der **Länge** von 128-256 Bit verwendet, bei asymmetrischen dagegen Schlüssel mit 1024-4096 Bit. Dies liegt an der Verwendung von Primzahlen bei der asymmetrischen Verschlüsselung; ausgehend vom Primzahlensatz und der Berücksichtigung der Eigenschaft der Bits (nur Wert von 0 oder 1 annehmbar) sind die Schlüssel in etwa gleich komplex.

Wichtig bei der Betrachtung eines Kryptosystems, zu dem das Ver- und Entschlüsseln von Nachrichten zählt, ist die Berücksichtigung des **Kerckhoffs' Prinzip**, wonach die Güte eines Kryptosystems lediglich davon abhängen darf, dass der geheime Schlüssel geheim bleibt und ein Kryptoanalytiker, der verschlüsselte Nachrichten zu brechen versucht, im Zweifel weiß, welches Verfahren angewandt wurde. Folglich ist es eher vorteilhaft, ein öffentlich diskutiertes und von Kryptoanalytikern untersuchtes Verfahren anzuwenden, da dann die Sicherheit i.d.R. höher ist.

Die aktuelle <kes>-Sicherheitsstudie von 2006 weist erstmals aus, inwiefern teilnehmende Einrichtungen einen **unbefugten Zugriff** zu verzeichnen hatten, so dass die Vertraulichkeit gebrochen wurde:

unbefugte Zugriffsart	bekannt	vermutet
Verlust mobiler IT-Systeme	27%	9%
Einbruch in Gebäude	17%	1%
Missbrauch durch Berechtigte	3%	15%
Verlust von Speichermedien	7%	5%
Abhören von Kommunikation	1%	8%
Online-Angriff	2%	4%
sonstiger Weg	2%	1%

Abbildung 33: Vertrauensbrüche durch unbefugten Zugriff

Mobile IT-Systeme stellen also ein lohnendes Objekt für einen Diebstahl dar, weshalb es der Sorgfaltspflicht widerspricht, wenn die gespeicherten Daten darauf nicht verschlüsselt abgelegt werden.

Zur Gewährleistung von Vertraulichkeit sind ebenfalls **weitere Schutzziele aus der Kommunikationstechnik** zu zählen: die Absicherung von Anonymität, Pseudonymität, Unbeobachtbarkeit und Verdecktheit. Ressourcen, die unter Inanspruchnahme dieser Schutzziele genutzt werden, können Daten (inkl. Nachrichten) aber auch IT-Systeme (bzw. einzelner Dienste von IT-Systemen) sein.

Anonymität dient der Nutzung von Ressourcen ohne Offenbarung der Identität des Nutzers. Dies hat jedoch innerhalb des Zugriffsschutzes zu geschehen, um nicht gegen die Vertraulichkeit auf anderem Wege zu verstoßen. Soll die Nutzung zurechenbar sein, handelt es sich um **Pseudonymität**.

Unbeobachtbarkeit bedeutet, dass ein Nutzer die Ressourcen in Anspruch nehmen kann, ohne dass die Nutzung der Ressource anderen angezeigt wird, was Einschränkungen bei der Protokollierung zur Folge hat und daher wiederum eng an die Zugriffsrechte zu koppeln ist. Eine Möglichkeit zur Umsetzung von Unbeobachtbarkeit stellt ein Mix-Netz dar (siehe Abschnitt 4.2.1
Prinzipien datenschutzfreundlicher Techniken), das zugleich der Verdecktheit dient.

Verdecktheit hingegen kann realisiert werden durch Steganographie (also der Unterbringung von Nachrichten in anderen Medien, z.B. Bildern oder Musik). Dabei wird die Übertragung vertraulicher Daten selbst versteckt, so dass nicht feststellbar ist, dass eine vertrauliche Kommunikation stattfindet und mit welchem Inhalt die vertrauliche Kommunikation geführt wird. Dieses Schutzziel ist für die Kommunikation mit Mediatoren unverzichtbar und damit sogar eine Voraussetzung zur Gewährleistung mehrseitiger IT-Sicherheit.

2.3   Beherrschbarkeit von IT-Systemen

Unter Beherrschbarkeit von IT-Systemen ist zu verstehen, dass keine unzulässige Beeinträchtigung von Rechten oder schutzwürdigen Belangen der Betroffenen durch Vorhandensein oder Nutzung von IT-Systemen erfolgt.

2.3.1   Zurechenbarkeit

Bei mehrseitiger IT-Sicherheit ist wichtig, dass jederzeit ausgelöste Prozesse der verantwortlichen Nutzer (Person oder Prozess) zugeordnet werden können. Dies ist für die Gewährleistung der Compliance und für den Prozess der Aushandlung mehrseitiger IT-Sicherheit eine notwendige Voraussetzung.

Definition: Zurechenbarkeit (accountability)
Gewährleistung, dass jederzeit festgestellt werden kann, welcher Nutzer einen Prozess ausgelöst hat.

Entscheidend ist, welcher Nutzer die Auslösung verursacht und zu verantworten hat. Der Verursacher eines ausgelösten Prozesses kann dabei eine Person oder ein anderer Prozess sein. Das Auslösen selbst kann wiederum bewusst oder unbeabsichtigt erfolgen. Aufgabe der Zurechenbarkeit ist daher, dies im Zweifel nachweisen zu können.

Der Nachweis der **Authentizität** zeigt, dass spezifische Daten von einer ganz bestimmten Instanz stammen und zugleich ganz bestimmte Daten von einer spezifischen Instanz stammen (Äquivalenzbeweis). Die Zurechnung dient also der Unabstreitbarkeit der Zuordnung von Verantwortung. Erst, wenn eine Zurechnung glaubwürdig erfolgt, können rechtswirksame Folgen greifen. Die Nachweisbarkeit der Authentizität erfordert eine detaillierte Protokollierung.

In der **Kryptographie** ist daher die Zurechenbarkeit in ihrer Funktion als Authentizität neben der Integrität und Vertraulichkeit der dritte Faktor, um eine vertrauenswürdige Kommunikation absichern zu können. Durch eine digitale Signatur kann neben dem Aspekt der Integrität auch Authentizität nachgewiesen werden. Dies ist die eigentliche Funktion der digitalen Signatur.

Im Zusammenspiel mit den Zugriffsrechten wird durch die Zurechenbarkeit der Kern des **Rechtemanagements** gebildet. Ein Nutzer hat sich gegenüber einem IT-System zunächst zu identifizieren. Dies kann durch Wissen, Besitz oder Merkmale bzw. eine Kombination dieser Identifikatoren erfolgen und wird als Authentisierung bezeichnet. Bei der Authentisierung geht es lediglich darum, ob die anfragende Instanz einen gültigen Nachweis besitzt, jedoch nicht darum, ob die angegebene Identität stimmt. Die Überprüfung der Identität erfolgt daher durch die Authentifizierung. Im Zuge der Autorisierung werden schließlich die entsprechenden Zutritts-, Zugangs- oder Zugriffsrechte gewährt.

Eine anonyme Nutzung von Ressourcen ist unter Einhaltung der Zurechenbarkeit nicht möglich, wohl aber eine pseudonyme. Die

Pseudonymisierung kann dabei z.B. durch den Einsatz einer Hash-Funktion erfolgen. Die Nutzung einer Ressource (inkl. der Manipulation von Daten, zu denen auch Konfigurationseinstellungen gehören können) kann auch über einen vertrauenswürdigen Pfad (**trusted path**) erfolgen, der nur den berechtigten Instanzen zugänglich ist.

2.3.2   Rechtsverbindlichkeit

Eng mit der Zurechenbarkeit verknüpft ist die Rechtsverbindlichkeit, da die Zurechenbarkeit die Voraussetzung für Rechtsverbindlichkeit darstellt. Andererseits ist die Rechtsverbindlichkeit die konkrete Umsetzung der Anforderungen der Compliance (hinreichende Bedingung).

Definition: Rechtsverbindlichkeit (legal liability)
Gewährleistung, dass Daten und Vorgänge gegenüber Dritten jederzeit rechtskräftig nachgewiesen werden können.

Die Ordnungsmäßigkeit der Abläufe und deren Resultate muss im Sinne der **Sorgfaltspflicht** nachgewiesen werden. Diese Nachweispflicht erfordert die Transparenz und Nachvollziehbarkeit eines IT-Systems und damit die Pflicht zur Dokumentation. Dies schließt die mithilfe der eingesetzten IT-Systeme getätigten Aktionen ein und unterstützt deshalb zugleich die Reversibilität der Aktionen (Revisionsfähigkeit), da diese ggf. gezielt rückgängig gemacht werden müssen.

Eine vollständige Umsetzung von Rechtsvorschriften ist durch die Rechtsverbindlichkeit freilich nicht abgedeckt, da es bei diesem Sicherheitskriterium nur darum geht, dass die Übereinstimmung getätigter Aktionen mit **rechtlichen Vorgaben** gewährleistet wird und nicht die Tätigung sämtlicher rechtlich vorgesehener Aktionen; somit liegt eine Implikation vor, keine Äquivalenz.

Die Rechtsverbindlichkeit dient zugleich dem **Nachweis zugesicherter Eigenschaften** (assurance) und bildet damit eine notwendige Voraussetzung für die Auditierbarkeit von IT-Systemen bzw. Unternehmen; die anderen Sicherheitskriterien wiederum fungieren hier als hinreichende Bedingungen.

Ein IT-System besteht dabei nur die Anforderungen einer **Validierung**, wenn es sowohl die entsprechenden Funktionalitäten der Verlässlichkeit erfüllt, als auch den Nachweis der Benutzbarkeit (**usability**) und Regelkonformität durch Zurechenbarkeit, Rechtsverbindlichkeit und Compliance.

Eine **Evaluierung** bewertet hingegen nur die festgestellte Qualität der technischen und organisatorischen Maßnahmen und kann damit auch über ein gesamtes Unternehmen erfolgen. Eine **Zertifizierung** bestätigt die vorgefundenen Bewertungen (wahlweise von Evaluierungen oder auch von Validierungen).

Durch die Überprüfbarkeit richtet sich dieses Sicherheitskriterium auch gegen das (der fehlenden unmittelbaren Wahrnehmung geschuldete) Phänomen der Fehleinschätzung von IT-Systemen als unfehlbare oder allmächtige Datenverarbeitungsanlagen. Gerade die **Verletzlichkeit** der Gesellschaft aufgrund fehlerhaft funktionierender IT-Systeme erfordert dieses Korrektiv. Insofern ist die Rechtsverbindlichkeit als semantische Dimension der anderen Sicherheitskriterien anzusehen.

Der rechtskräftige Nachweis stellt folglich erhöhte Anforderungen an die **Protokollierung**: Erstellte Logdaten dürfen nachweislich nicht manipulierbar sein, unterliegen jedoch bei vorliegendem Personenbezug der Löschungspflicht nach Ablauf der Aufbewahrungspflicht. Zugleich dient die Protokollierung als Ausgleich für den fehlenden juristisch üblichen Augenscheinsbeweis.

2.4   Spezielle Aspekte mehrseitiger IT-Sicherheit

Hinsichtlich der Bedeutung mehrseitiger IT-Sicherheit und deren Definition gibt es unterschiedliche Auffassungen. Etwaige Zielkonflikte wurden deshalb in diesem Kapitel durch die Unterordnung der Ziele unter Grundsätze und durch Anpassung bei den einzelnen Definitionen im Sinne einer Verallgemeinerung aufgelöst. Infolge dieser Darstellung ist zugleich ein abprüfbares Konzept mehrseitiger IT-Sicherheit entstanden, das dem restlichen Buch unterlegt wird. Hinsichtlich zweier besonderer Aspekte soll jedoch auf die spezifischen Sichtweisen hingewiesen werden: bei der Verifikation von IT-Systemen und der Softwareerstellung nach dem V-Modell XT.

2.4.1   Verifikation und Validierung von IT-Systemen

Im Zuge der Sicherheitsstandards wird immer wieder ein **Sicherheitsmodell** eingefordert, das formal (mathematisch) beweisbar sein soll. Die Beweisbarkeit erfordert eine Verifikation und Validierung, was in der Praxis sehr mühsam ist, weshalb es auch nur wenige IT-Produkte oder IT-Systeme gibt, die dieser Anforderung genügen.

Ein **Sicherheitsmodell** selbst stellt ein umfassendes theoretisches Konstrukt dar, das die Regeln auf einem hohen Abstraktionsniveau vollständig beschreibt, aufgrund derer Aktionen durch beteiligte Instanzen ausgeführt werden können. Im Folgenden werden die Grundkonstruktionen vorgestellt. Sicherheitsmodelle verlangen ausführliche Definitionen und Konstruktionen. Gängige Sicherheitsmodelle wie das **Bell-LaPadula-Modell** (zur Absicherung von Vertraulichkeit), das **Clark-Willson-Modell** (zur Absicherung von Integrität) oder das **Take-Grant-Modell** (zur Absicherung von Safety) sind jedoch in der Praxis kaum in Reinform anzutreffen.

Die **Verifikation** dient dem Nachweis, dass ein Produkt korrekt arbeitet, nach den "Regeln der Kunst" erstellt wird und dabei die zu beachtenden Anforderungen selbst bestimmte Eigenschaften (wie z.B. Vollständigkeit, Widerspruchsfreiheit, Durchführbarkeit und Testbarkeit) aufweisen. Die **Validierung** dient dagegen dem Nachweis, dass das tatsächlich vom Nutzer gewünschte und nach dessen Wünschen spezifizierte Produkt erstellt wird (Adäquatheit). Im Zuge der Validierung ist dann insbesondere die Benutzbarkeit sowie das Funktionsverhalten im Fehlerfalle zu untersuchen, so dass hier die Anforderungen aus Safety und Security zu berücksichtigen sind.

Ausgehend von Betrachtungen aus der theoretischen Informatik über formale Nachweise von Programmeigenschaften kann die **Verlässlichkeit von IT-Systemen** auch so dargestellt werden:

- **Partielle Korrektheit** liegt vor, wenn gilt, dass ein Ergebnis automatisch richtig ist, wenn ein Algorithmus überhaupt ein Ergebnis liefert – dieses kann als Anwendung der Integrität angesehen werden, denn die Daten wurden dann nicht unbefugt und unbemerkt verändert.

- **Totale Korrektheit** liegt dagegen nur vor, wenn ein Algorithmus immer ein richtiges Ergebnis liefert – dieses entspricht dann der Verbindung der Sicherheitskriterien Integrität und Verfügbarkeit. Für den Nachweis totaler Korrektheit ist nämlich auch die Verfügbarkeit der benötigten Betriebsmittel erforderlich, denn die richtigen (integren) Ergebnisse müssen stets zu einem bestimmten Zeitpunkt (abhängig von der Verfügbarkeit) vorliegen.

- Ein Programm ist jedoch nur dann partiell oder total korrekt, wenn es genau die vorgegebene Spezifikation erfüllt. Insofern wird neben der Syntax eines Programmes auch die **Se-**

mantik getestet. Hierbei kommen dann – je nach Gestaltung des zu betrachtenden Programms – auch andere Sicherheitskriterien (Vertraulichkeit, Zurechenbarkeit bzw. Rechtsverbindlichkeit) zum Tragen.

2.4.2   Softwareerstellung nach dem V-Modell XT

Zu unterscheiden ist die Nutzung von IT-Systemen (nach deren Inbetriebnahme) gegenüber deren Erstellung. Bei letzterem werden durch das 2005 vorgestellte **V-Modell XT**, das bei entsprechenden Projekten des Bundes zwingend anzuwenden ist, inzwischen auch Vorgaben zur Einhaltung mehrseitiger IT-Sicherheit im "Vorgehensbaustein Systemsicherheit" gemacht. Hier wird allerdings die Zurechenbarkeit ausgeklammert, da dies für die Abnahme insofern irrelevant ist, weil das softwareerstellende Unternehmen selbst als zurechenbare Einheit anzusehen ist.

Demnach ist für jedes als sicherheitskritisch eingestufte Element (Hardware wie Software) eines IT-Systems eine **Systemsicherheitsanalyse** duchzuführen. Ziel dieser Sicherheitsanalyse ist die Ermittlung der Ursachen von Gefährdungen sowie die Abschätzung von deren Eintrittswahrscheinlichkeiten sowohl bei der Erstellung als auch beim Einsatz des Systems.

Der Auftraggeber führt diese Analyse als **Blackbox-Test** durch und prüft daher anhand der Wirkungsweise, ob sich die erwarteten Resultate einstellen. Der Auftragnehmer (Ersteller der Software) führt die Prüfung dagegen als **Whitebox-Test** durch, also in Kenntnis der Konstruktion, und stellt dabei fest, ob und wie alle Konstruktionselemente durchlaufen werden.

Als **tolerierbar** gelten lediglich solche Projekte, bei denen das Risikomaß (definiert als Produkt aus Risikowahrscheinlichkeit und Risikoschaden) geringer als 0,1 % des Projektvolumens beträgt. Bei der Analyse sind sowohl die Maßstäbe der Safety als auch der Security zu berücksichtigen.

Jeder Konstruktionsphase (Anforderungsfestlegung, Spezifikation, Entwurf und Implementation) ist schließlich eine Kontrollphase zugeordnet, in der die **Verifikation** und **Validierung** überprüft wird. Dabei sind erneut Aspekte der IT-Sicherheit relevant, wie an anderer Stelle bereits ausgeführt wurde.

Zur Erstellung **qualitativ hochwertiger Software** sind diese Vorgaben aus dem V-Modell XT zu berücksichtigen. Dabei sind die Grundanforderungen an IT-Sicherheit beim Erstellungsprozess, welche im V-Modell XT formuliert werden, generell in den Entwurfsprinzipien von Software zu integrieren, um die später bei der Nutzung oft nur noch mühsam zu erreichende IT-Sicherheit frühzeitig zu unterstützen.

Gängige **Standards**, anhand derer der qualitative Reifegrad erstellter Software gemessen wird, sind die Capability Maturity Model Integration (CMMI) des Software Engineering Institute der Carnegie Mellon University of Pittsburgh und der als ISO/IEC 15504 vorliegende Standard der Software Process Improvement and Capability dEtermination (SPICE).

2.5   Zusammenfassung

Mehrseitige IT-Sicherheit bildet die Anforderungen an die Sicherheit von IT-Systemen in einem Modell ab, bei der neben der technischen Dimension auch die Sicht der Beteiligten berücksichtigt wird.

Die technische Dimension deckt dabei die klassischen Sicherheitskriterien an IT-Sicherheit ab (Verfügbarkeit, Integrität und Vertraulichkeit). Aus der Sicht der Kryptographie ist (neben der Integrität und Vertraulichkeit) zudem die Zurechenbarkeit maßgeblich. Die anderen Sicherheitskriterien werden durch die Rechtsverbindlichkeit abgerundet:

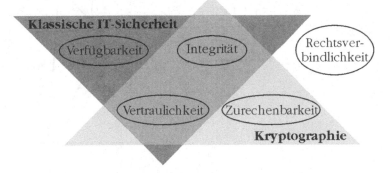

Abbildung 34: Kriterien mehrseitiger IT-Sicherheit

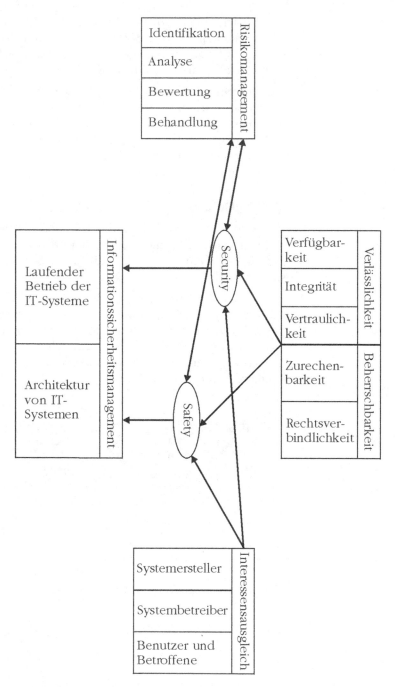

Abbildung 35: Modell mehrseitiger IT-Sicherheit

2.5.1 **Zusammenfassung: Grundsätze mehrseitiger IT-Sicherheit**

Die an einem IT-System beteiligten Personengruppen (System-
ersteller, Systembetreiber und Systemnutzer) nehmen an einem
Aushandlungsprozess teil, bei dem ihre unterschiedlichen Inter-
essen einfließen. Unter IT-Sicherheit wird die Abwesenheit von
Gefahren beim Umgang mit Informationstechnik verstanden.
Mehrseitige IT-Sicherheit gewährt daher den vereinbarten Schutz
an Verfügbarkeit, Integrität, Vertraulichkeit, Zurechenbarkeit und
Rechtsverbindlichkeit.

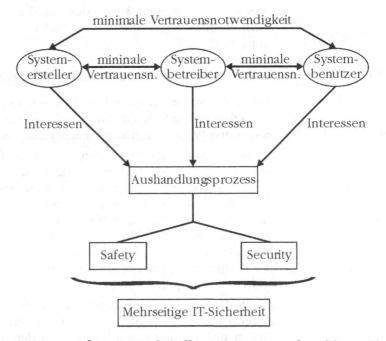

**Abbildung 36: Der Aushandlungsprozess mehrseitiger IT-
Sicherheit**

Beim Aushandlungsprozess ist entscheidend, dass jede Partei
möglichst wenig Vertrauen in andere setzen muss. Zwischen
mehreren Parteien vereinbarter Schutz bedarf daher der Mediation, also dem Einsatz einer vertrauenswürdigen Stelle. Der Grad
erforderlichen Vertrauens hängt davon ab, wie schützenswert die
jeweiligen Daten sind und in welcher Sicherheitsumgebung das
IT-System eingesetzt wird.

Da beim Aushandlungsprozess Vertrauensnotwendigkeiten auf
unterschiedlichem Niveau bestehen, kann eine getrennte Be-

handlung des Schutzes gegen beabsichtigten Angriffen (Security) einerseits und des Schutzes gegen unbeabsichtigte Ereignisse (Safety) andererseits erfolgen. Bei der Safety steht die Verfahrens- bzw. Betriebssicherheit im Vordergrund, so dass die Funktionssicherheit bzw. Ausfallsicherheit kennzeichnend ist.

Gefährdungen der Safety resultieren aus zufälligen Ereignissen (höhere Gewalt und technische Fehler) bzw. aus unbeabsichtigte Fehlern (Defekte an Hard- oder Software und unbeabsichtigte Bedienungsfehler). Gefährdungen der Security resultieren dagegen aus vorsätzlichen Handlungen von Angreifern, die passiv oder aktiv tätig werden, je nachdem, ob der Datenbestand (Nutzdaten, Konfigurationsdaten, Passwortdaten, Protokolldaten) beeinträchtigt wird.

2.5.2   Zusammenfassung: Verlässlichkeit von IT-Systemen

Ein IT-System ist dann verlässlich, wenn es selbst, die gespeicherten und verarbeiteten Daten und die dabei genutzten Funktionen und Prozesse verfügbar, integer und vertraulich sind.

Verfügbar ist ein IT-System dann, wenn es für befugte Nutzer (Person oder Prozess) in vorgesehener Weise, zum geplanten Zeitpunkt und im vorgegebenen Zeitrahmen funktioniert. Die Verfügbarkeit eines IT-Systems ist dabei abhängig von der vereinbarten bzw. festgelegten Servicezeit und der Ausfallzeit ihrer Komponenten. In den Service Level Agreements werden hierzu konkrete Anforderungen formuliert, da sich Beeinträchtigungen der Verfügbarkeit negativ auf das komplette Unternehmen auswirken.

Mittels der Integrität wird nachgewiesen, dass die Daten eines IT-Systems nur durch befugte Nutzer verändert wurden. Hier sind Fragen der Konsistenz von Daten und der damit verbundenen Datenqualität ausschlaggebend. Dies ist im Zuge des Datensicherungskonzepts und des Zugriffsschutzes zu berücksichtigen. Die Korrektheit des Datenbestandes ist auch aus handels- oder steuerrechtlichen Gründen erforderlich. Technisch kann die Integrität durch Authentifizierungsmechanismen gesichert werden. Ungewollte technische Manipulationen an Daten sind zu verhindern.

Zur Gewährleistung der Compliance, aber auch zur Absicherung des Betriebs- und Geschäftsgeheimnisses ist die Vertraulichkeit ein hohes Gut, das besagt, dass die Daten eines IT-Systems nur durch befugte Nutzer interpretiert werden dürfen. Die Gewährleistung der Vertraulichkeit bezieht sich dabei auf den kompletten Informationsfluss und erfordert ein differenziertes und rollenbasiertes Zugriffskonzept. Zum Einsatz kommen zudem Verschlüsselungsverfahren, deren Güte nur davon abhängen darf, dass der geheime Schlüssel geheim bleibt. Der Verlust mobiler Endgeräte stellt derzeit in hohes Gefährdungspotential dar. Die weiteren Schutzziele der Kommunikationstechnik (Anonymität, Pseudonymität, Unbeobachtbarkeit und Verdecktheit) werden im Rahmen der Vertraulichkeit in geeigneter Form umgesetzt.

2.5.3   Zusammenfassung: Beherrschbarkeit von IT-Systemen

Die Rechte oder schutzwürdigen Belange der Betroffen sind bei der Nutzung von IT-Systemen zu beachten. Dies ist gerade aus der Sicht der Compliance maßgeblich.

Durch die Gewährleistung der Zurechenbarkeit ist jederzeit feststellbar, welche Instanz einen Prozess ausgelöst hat. Die Zuordnung zu dem Verursacher hat dabei unabstreitbar zu erfolgen. Technisch ist dies die Funktion der digitalen Signatur. Im Zusammenspiel mit den Zugriffsrechten markiert die Zurechenbarkeit den Kern des Rechtemanagements.

Ist die Zurechenbarkeit erfüllt, müssen für die Rechtsverbindlichkeit Daten und Vorgänge gegenüber Dritten jederzeit rechtskräftig nachgewiesen werden können. Die Sorgfaltspflicht erfordert entsprechende Maßnahmen der Protokollierung, die manipulationssicher erfolgen müssen, um für die Beweisführung tauglich zu sein. Die Zusicherung von Eigenschaften, die ebenfalls durch die Rechtsverbindlichkeit nachgewiesen wird, ist die Voraussetzung für Auditierungen, mit denen die Validierung von IT-Systemen festgestellt oder aufgrund derer die Qualität von IT-Produkten oder Instanzen zertifiziert werden kann.

2.5.4   Zusammenfassung: Spezielle Aspekte mehrseitiger IT-Sicherheit

Bei der Verifikation und Validierung von IT-Systemen spielt der Nachweis formaler Korrektheit eine ausschlaggebende Rolle. Dabei sind auch die Sicherheitskriterien mehrseitiger IT-Sicherheit zu beachten. Ein Sicherheitsmodell stellt ein umfassendes theoretisches Konstrukt dar, aus dem sich durchführbare Aktionen beteiligter Instanzen vollständig ableitet.

Das V-Modell XT beschreibt Anforderungen zu einer Systemsicherheitsanalyse bei der Erstellung und Inbetriebnahme von IT-Systemen. Dabei sind die Ursachen von Gefährdungen und deren Eintrittswahrscheinlichkeiten zu ermitteln. Die Toleranzschwelle akzeptablen Risikos liegt dabei bemerkenswert niedrig, so dass sich das Vorgehensmodell auch für generelle Software-erstellung empfiehlt und nicht nur, wenn dies im Auftrag des Bundes geschieht.

3 Risikomanagement

Zur Erfüllung der Sorgfaltspflicht wird von den Betreibern von IT-Systemen die Einrichtung eines Risikomanagements gefordert. Dabei ist eine umfassende Sicht nötig, um die erforderlichen Nachweise der Compliance erbringen zu können.

3.1 IT-Sicherheit und Risikomanagement

Mehrseitige IT-Sicherheit basiert auf der Aushandlung unterschiedlicher Interessen der beteiligten Parteien (Ersteller, Betreiber und Nutzer von IT-Systemen), wie im zweiten Kapitel gezeigt wurde. Zur Formulierung der spezifischen Sicherheitsinteressen ist oft ein Risikomanagement angebracht und im V-Modell XT sogar gefordert.

3.1.1 Besonderheit der Risiken von IT-Systemen

Informationstechnische Systeme sind – wie bereits erwähnt – besonderen Gefahren ausgesetzt. Dies hat direkte Folgen für die Gestaltung von IT-Sicherheit, weshalb die IT-Sicherheit in einen umfassenden Kontext gestellt wurde. Unter diesen Rahmenbedingungen lässt sich Risiko wie folgt näher bestimmen:

Definition: Risiko
Nach Häufigkeit und Auswirkung bewertete (negative) Abweichung eines zielorientierten Systems.

Im Bereich der IT-Sicherheit ist das zu betrachtende System ein IT-System, d.h. eine systematisch erfolgte Verknüpfung verschiedener IT-Komponenten. Dieses IT-System ist sinnvollerweise mit einer Zielorientierung verbunden: den vereinbarten Zielen mehrseitiger IT-Sicherheit, also Verfügbarkeit, Integrität, Vertraulichkeit, Zurechenbarkeit und Rechtsverbindlichkeit.

Damit die Ist- und Soll-Situation einander abprüfbar gegenüber gestellt und Abweichungen gegenüber der Soll-Situation überhaupt festgestellt werden können, sind diese Ziele als **Prüfkriterien** notwendig. Zu den Prüfkriterien mehrseitiger IT-Sicherheit kommen noch Aspekte der Wirtschaftlichkeit hinzu. Unter einem

Risiko ist zunächst eine Abweichung der Ist-Situation gegenüber der Soll-Situation zu verstehen.

Die **Zielabweichung** kann dabei auch positiv erfolgen: Dann liegen Chancen vor. Negative Zielabweichungen können dagegen als Gefahren bezeichnet werden. In der Literatur wie auch in der Praxis wird überwiegend nur die Seite der Gefahren unter Risiko gefasst. Diesem wird in der Folge Rechnung getragen. Unter einer Gefahr wird daher konsequenterweise die Möglichkeit eines Schadenseintritts verstanden.

Als maßgebliche **Einflussfaktoren** wurden in der Definition die Häufigkeit, die anhand von Eintrittswahrscheinlichkeiten gemessen werden kann, und die Auswirkung, die anhand der monetären Bewertung aufgetretenen Schadens ermittelt werden kann, bestimmt, so dass folgende Gleichung gilt:

> Risiko = Eintrittswahrscheinlichkeit * Schaden

Bei Risiken der Informationstechnik liegen jedoch nur spärliche **Kenndaten** für die Eintrittswahrscheinlichkeit einerseits und die Höhe des Schadens andererseits vor. Hier eine valide Abschätzung des IT-Risikos zu bestimmen, ist daher eine Herausforderung, die mit den üblichen Methoden der Finanzmathematik nur bedingt gelöst werden kann. Das liegt vor allem daran, dass die Fortentwicklung der Informationstechnik rasant erfolgt (siehe auch Abschnitt 1.3.2   Fortentwicklung der Informationstechnik).

Die in die Gleichung einsetzbaren Faktoren werden stets aufgrund der Erfahrung aus der Vergangenheit berechnet und können nur aus entsprechenden Erhebungen über reale **Sicherheitsvorfälle** stammen. Hierzu bieten die <kes>-Sicherheitsstudien gute Ansätze, um von zahlreichen Erfahrungen profitieren und auch längerfristige Entwicklungen erkennen zu können. Die Werte über das Auftreten von Sicherheitsvorfällen wurden bereits in den vorangegangenen Kapiteln zitiert.

Die durchschnittlichen Kosten für ausgewählte Sicherheitsvorfälle wurden von den Teilnehmern dagegen wie folgt bewertet (Angaben in Euro):

Sicherheitsvorfall	2002	2004	2006
Virus-/Wurm-Infektion	26.228	25.954	18.324
Hoax	9.621	1.270	2.223
Fehlalarm	8.173	1.817	3.367
Spyware-Befall	-----	-----	3.372
(erfolgreicher) Online-Angriff	-----	-----	5.600
Phishing	-----	-----	980

Abbildung 37: Kosten für Sicherheitsvorfälle

Eine ebenfalls brauchbare, allerdings nur **relative Abschätzung** hinsichtlich der beiden Einflussfaktoren, wobei der Schaden sich anhand der Bewertung der Gefährdung von 6 für "sehr gefährlich" bis 1 für "nicht gefährlich" bemisst, damit die Größenordnungen vergleichbar sind, lieferte die von silicon.de erstellte Studie "IT-Security 2004":

Sicherheitsvorfall	Auftreten	Gefahr	Risiko
Computer-Viren	94%	4,8	4,51
Spam	80%	3,3	2,64
Trojanische Pferde	42%	4,5	1,89
Datenverlust	29%	4,6	1,33
Denial-of-Service-Attacke	15%	3,7	0,56
Verlust d. Systemintegrität	10%	4,3	0,43
unber. Telekomm.zugang	9%	4,1	0,37
Diebstahl	7%	4,1	0,29
Verbreitung illeg. Inhalte	9%	3,2	0,29
Betrug	5%	4,0	0,20
Manipul. v. Systemprogr.	5%	4,0	0,20
Manipulation v. Anwend..	4%	4,1	0,16

Abbildung 38: Auftreten und Gefahr von Sicherheitsvorfällen

Damit können schon zwei generelle **Problematiken** anhand der aufgeführten Werte abgelesen werden:

- eine finanzmathematisch valide Darstellung des IT-Risikos benötigt verlässliche Werte, doch die Schwankungsbreiten der bezifferten Kosten bei den <kes>-Sicherheitsstudien sind in dieser allgemeinen Form zu gewaltig und bedürfen daher einer detaillierteren Analyse, und

- relative Einschätzungen erfolgen meist subjektiver und vernachlässigen die Umrechnung der Gefahr in monetäre Größen, denn nicht bei jedem Sicherheitsvorfall sind die finanziellen Folgen gleich; insbesondere wächst der monetäre Schaden nicht linear mit dem Ansteigen einer Gefahr, weshalb die silicon.de-Studie auch nicht zum gewünschten Ziel führt.

Da das Risikomanagement Daten für finanzwirksame Entscheidungen bereit stellen soll, erschwert diese wertmäßige Ungenauigkeit beispielsweise eine hinreichend exakte Bestimmung des Return on Security Investment (**RoSI**). Dabei werden die Kosten für die Gefahrenabwehr den (fiktiven) Erträgen aus der Gefahrenvermeidung (also den Kosten für die Schadensbehebung) gegenübergestellt. Dies geschieht mit folgender Formel:

$$\text{RoSI} = \text{Schadensrisiko} - \text{Restrisiko} - \text{Investition}$$

Somit amortisiert sich eine entsprechende Investition gemäß folgender Formel:

$$\text{Amortisation} = \frac{\text{Investition}}{(\text{Schadensrisiko} - \text{Restrisiko})} \; [\text{in Jahren}]$$

Von den geforderten Daten stehen lediglich die Ausgaben für die Investition in valider Form durch konkrete Angebote fest. Bei Schadensrisiko und Restrisiko sind dagegen in gewissem Umfang Schätzwerte gefordert, da nicht zu allen Variablen Erfahrungswerte vorliegen oder diese einfach berechnet werden können.

Die **Effizienz** der Maßnahme, also das Verhältnis zwischen erzieltem Ergebnis gegenüber den eingesetzten Mitteln (nach ISO 9000), bemisst sich aber im Wesentlichen daran, wie hoch das verbleibende Restrisiko ist. Auch dies lässt sich bisher nur bedingt bestimmen.

Um hier erste Werte zu sammeln, wird beispielsweise das Angriffsverhalten durch sog. **Honeynets** bzw. **Honeypots** getestet, bei denen man Angreifer in ein vom normalen LAN getrennten

Netzwerk bzw. IT-System eindringen lässt und dabei beobachtet, welche Aktionen ausgeführt werden.

Ferner ist das Problem gegeben, dass auftretende Verletzungen der Sicherheitskriterien erst zu unterschiedlichen **Zeitpunkten** festgestellt werden können: Beeinträchtigungen der Verfügbarkeit fallen unmittelbar auf, die der Vertraulichkeit und Zurechenbarkeit jedoch i.d.R. erst sehr spät. Beeinträchtigungen der Rechtsverbindlichkeit fallen schließlich erst ins Gewicht, wenn es zu einer gerichtlichen Auseinandersetzung kommt. Insofern sind die Bezugsgrößen grundsätzlich mit einem derzeit noch nicht näher zu beziffernden Fehler behaftet.

Aufgrund dieser methodischen Probleme werden IT-Risiken üblicherweise in eine Rangfolge gebracht, um dann entsprechend ihrer **Bedeutung** bei den Gegenmaßnahmen behandelt werden zu können, denn das Risikomanagement hat das Ziel, Hinweise für erforderliche Handlungen zu liefern. Bei den <kes>-Sicherheitsstudien wurde die Bedeutung der Gefahrenbereiche zuletzt in folgender Rangfolge angegeben:

Gefahrenbereich \ Rang	1998	2000	2002	2004	2006
Fehler eigener Mitarbeiter	1	1	1	1	1
Malware (Vir., Würm., Troj.Pf.)	2	2	2	2	2
Software-bedingte Defekte	3	3	3	4	3
Hardware-bedingte Defekte	4	4	6	6	4
unbefugte Kenntnisnahme	6	5	4	3	5
Fehler durch Externe	7	8	10	7	6
Hacking	-----	-----	5	5	7
Dokumentations-bed. Defekte	8	7	9	10	8
Manipulation zur Bereicherung	8	9	8	9	9
höhere Gewalt	4	6	7	8	10
Sabotage (inkl. DoS-Attacken)	10	10	11	11	11

Abbildung 39: Rangbezogene Bedeutung der Gefahrenbereiche

Entscheidend für die Wahl der zu ergreifenden Gegenmaßnahmen ist aber meist die **Erwartung** künftiger Gefahren, die sich anhand der prognostizierten Rangfolge nach den <kes>-Sicherheitsstudien wie folgt ergibt:

Gefahrenbereich \ Rang	1998	2000	2002	2004	2006
Fehler eigener Mitarbeiter	2	2	2	2	2
Malware (Vir., Würm., Troj.Pf.)	1	1	1	1	1
Software-bedingte Defekte	3	3	3	5	5
Hardware-bedingte Defekte	7	10	10	8	6
unbefugte Kenntnisnahme	4	4	5	4	3
Fehler durch Externe	8	7	4	9	7
Hacking	-----	-----	6	3	4
Dokumentations-bed. Defekte	6	5	8	10	9
Manipulation zur Bereicherung	5	6	9	7	8
höhere Gewalt	8	8	11	11	11
Sabotage (inkl. DoS-Attacken)	10	9	7	6	10

Abbildung 40: Rangbezogene Erwartung an die Gefahrenbereiche

Vergleicht man die Prognosen mit den Bewertungen aus der Folgestudie wird die **Unsicherheit**, die bei der Einschätzung informationstechnischer Gefahren vorliegt, messbar: Gefahren für die Safety werden überwiegend unterschätzt, Gefahren für die Security dagegen überwiegend überschätzt.

Dies ist nicht verwunderlich, denn Angreifer befinden sich im Vorteil: Sie müssen lediglich eine einzige offene Schwachstelle finden und dort gezielt angreifen, während sich das verteidigende Unternehmen auf eine Vielzahl verschiedener Angriffsmöglichkeiten einstellen muss. Die Überschätzung der Angreifer ist daher nur konsequent, zeigt aber eine u.U. folgenreiche **Mißachtung etwaiger Notfälle**. Dies unterstreicht eine alternative Zusammenfassung der letzten <kes>-Sicherheitsstudien, die deutlich mehr Schäden durch Unfälle verzeichnen:

Schäden durch	2002	2004	2006
Unfälle (menschl. bzw. techn. Versagen)	79%	73%	70%
Angriffe (ungezielt bzw. gezielt)	43%	60%	43%

Abbildung 41: Schäden durch Unfälle oder Angriffe

Für eine finanzmathematisch valide Berücksichtigung der IT-Risiken bedarf es folglich noch einiger grundlegender Arbeiten.

Der hohe **Unsicherheitsfaktor** der Entwicklung informationstechnischer Gefahren bleibt. Infolgedessen muss sich das Risikomanagement auf die besondere Situation in der Informationstechnik einlassen.

3.1.2   Unterschiede bei Erstellung und Betrieb von IT-Systemen

Beim konkret zur Anwendung kommenden Risikomanagement
ist natürlich zu unterscheiden, ob das betrachtete IT-System erstellt wird oder ob das betrachtete IT-System in Betrieb genommen wird bzw. bereits in Betrieb genommen wurde. Bisher haben wir in diesem Kapitel nur letzteres betrachtet, also den **An-
wendungsfall**.

Gleichwohl sind die vorgestellten Aussagen zum Risikomanagement bereits für die **Erstellung** von IT-Systemen bereits tauglich.
Jedoch werden diese noch um weitere Aspekte des **Projektmanagements** ergänzt, denn bei der Projektierung von IT-Systemen
spielen gleichfalls Fragen der Qualität und des Ressourcenein-
satzes (Zeit, Personal und Kosten) eine wichtige Rolle. Unter
Umständen kommen zudem die Vorgaben aus dem V-Modell XT
hinzu (siehe auch Abschnitt 2.4.2   Softwareerstellung nach dem
V-Modell XT).

Ein wesentlicher Vorteil beim Risikomanagement aus Sicht der
IT-Sicherheit ist hier, dass die Software (oder Hardware) selbst
entsprechenden **Prüfungen** unterzogen werden kann, bei denen
nicht nur die Funktionalität getestet werden kann, sondern eben
auch die Qualität aufgrund eines Whitebox-Tests, da der Quellcode (bzw. die Konstruktionszeichnungen) vorliegt.

Bei bezogenen Komponenten des IT-Systems erfolgt eine entsprechende Prüfung dagegen z.B. im Rahmen von **Zertifizierungen**, die meist Risikoanalysen beinhalten. Allerdings stellen
diese stets nur eine Momentaufnahme dar, sind selten konkret
auf die Spezifika der Unternehmen zugeschnitten, die diese
Komponenten einsetzen, und sind daher problematisch hinsichtlich der Zielgenauigkeit mehrseitiger IT-Sicherheit.

3.1.3   Dimensionen der IT-Risiken

Im Rahmen des IT-Risikomanagements sind verschiedene **Dimensionen** zu beachten, deren Beziehung für die Ergebnisse
und die daraufhin zu ergreifenden Maßnahmen maßgeblich sind.
Dies kann daher als ein Risikokubus dargestellt werden, der folgende Dimensionen aufweist:

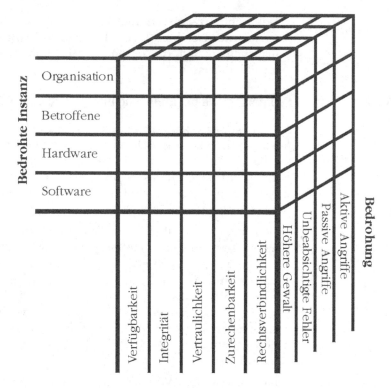

Sicherheitsziel

Abbildung 42: Risikokubus

Durch IT-Risiken wird die Organisation des Unternehmens als solche, einzelne Betroffene oder die eingesetzte Hardware bzw. Software bedroht. Bei der Bedrohung wiederum kann unterschieden werden zwischen Unfällen (höhere Gewalt und unbeabsichtigte Fehler) und (aktiven bzw. passiven) Angriffen. Als Prüfkriterium dienen die vereinbarten Ziele mehrseitiger IT-Sicherheit, also die Verfügbarkeit, Integrität, Vertraulichkeit, Zurechenbarkeit und Rechtsverbindlichkeit.

Jeder **Teil-Kubus** ist beim IT-Risikomanagement getrennt entsprechend der Vorgaben dieses Kapitels zu untersuchen. Um darauf aufbauend eine gute Grundlage für den anstehenden Entscheidungsprozess zu haben, wird sinnvollerweise auf gängige Verfahren zurückgegriffen, die in den folgenden Unterkapiteln kurz und, soweit es sich anbietet, anhand eines konkreten Beispiels vorgestellt werden.

3.2 Prozess des Risikomanagements

Ein IT-Risikomanagement hat viele verschiedene Vorgaben zu berücksichtigen, wie bereits beim Risikokubus zu sehen war. Zugleich ist die Dynamik der Informationstechnik so hoch, dass zwingend ein kontinuierlicher Prozess eingerichtet werden muss.

3.2.1 Aufgaben des Risikomanagements

Die Überwachung der IT-Sicherheit liegt in der Verantwortung der dafür vorgesehenen Stellen im Unternehmen und erfolgt anhand der Vorgaben aus dem 2. Kapitel. Der **Risikomanagementprozess** kann in Anlehnung an ISO/IEC TR 13335-3 wie folgt skizziert werden:

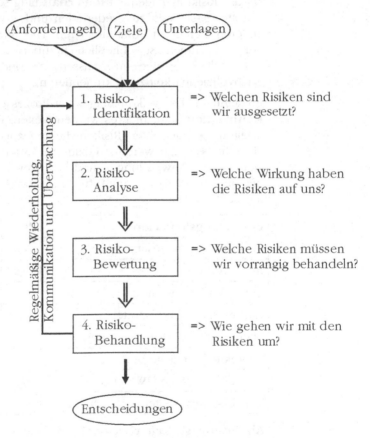

Abbildung 43: Der Risiko-Management-Prozess

Zu den zentralen **Aufgaben** des Risikomanagements zählen also:

- die Identifikation von Risiken, die bei der Informationstechnik in enger Zusammenarbeit mit dem IT-Sicherheitsmanagement erfolgt,

- die Analyse der festgestellten Risiken, bei der standardisierte Vorgehensmodelle zur Anwendung kommen sollten, um den Stand der Technik geeignet abbilden zu können,

- die Bewertung der relevanten Risiken, um der Geschäftsführung (finanzierbare) Handlungsoptionen aufzuzeigen, und

- die Bereitstellung aller nötigen Informationen zur Behandlung der handlungsrelevanten Risiken.

Da das Risikomanagement **dauerhaft** tätig sein sollte, sind diese Schritte regelmäßig zu wiederholen und etwaige Ergebnisse mit anderen Stellen zu kommunizieren. Die Wirkung vorgenommener Maßnahmen ist schließlich zu überwachen und die dabei festgestellten Erfolge und Misserfolge sind aus Gründen der Nachvollziehbarkeit zu dokumentieren.

Im Rahmen des Risikomanagement-Prozesses werden nicht nur **Kennzahlen** betrachtet, es werden weitere Faktoren bei der Beurteilung festgestellter Risiken herangezogen. In den <kes>-Sicherheitsstudien werden spezifische Kriterien für eine Klassifizierung von Anwendungen und IT-Systemen angegeben, wobei die einzelnen Kriterien mit 0 für "unwichtig" bis 2 für "sehr wichtig" gewichtet sind:

Bewertungskriterien	2000	2002	2004	2006
Verstöße gegen Gesetze/Verträge	1,15	1,47	1,40	1,46
Imageverlust	1,23	1,51	1,35	1,36
Verzögerung von Arbeitsabläufen	1,23	1,35	1,21	1,31
Haftungsansprüche Dritter	0,95	1,11	1,27	1,28
Manipulation an Informationen	1,20	1,36	1,26	1,28
indirekte finanzielle Verluste	0,98	0,98	1,14	1,12
direkte finanzielle HW-Schaden	0,81	0,97	0,75	0,95
Verstöße gegen interne Regelungen	0,70	0,85	0,72	0,89

Abbildung 44: Kriterien zur Risikobewertung

Die Einhaltung der Compliance ist also das wichtigste Kriterium bei der **Risikobewertung**. Deshalb wurde diesem Bereich im ersten Kapitel auch sehr viel Platz gewidmet. Durchweg hohe Werte erreichen zudem die Sorge vor Imageverlust und vor verzögerten Arbeitsabläufen. Letzteres bremst erheblich sowohl die Effektivität als auch die Effizienz unternehmerischen Handelns ab. Die Angst vor Schadensersatzansprüchen Dritter nimmt als einziger Wert kontinuierlich zu und ist eine durchaus übliche Folge von Vertragsverletzungen, was im Rahmen der SLAs zunehmend wichtiger wird. Informationen stellen einen hohen Vermögenswert dar, so dass die Befürchtung einer Manipulation finanzwirksamer Informationen und eines daraus resultierenden Schadens erwartungsgemäß einen recht hohen Durchschnittswert hat.

3.2.2   Feststellung von IT-Risiken

In der Phase der **Risiko-Identifikation** sind die zu schützenden (Vermögens-) Werte (**assets**), die bestehenden Bedrohungen (**threats**) und die vorhandenen Schwachstellen (**vulnerabilities**) zu bestimmen.

Das Risikomanagement richtet sich zum Schutz der (Vermögens-) Werte sinnvollerweise (und im Einklang mit dem KonTraG) an der Geschäftskontinuität des Unternehmens aus (**business continuity**). Dabei ist zu beachten, dass insbesondere gespeicherte Informationen in ihrer Verkörperung als Daten durchaus hohe Vermögenswerte darstellen, was oft unterschätzt wird.

Das IT-Risikomanagement ist sinnvollerweise in das allgemeine Risikomanagement zu integrieren. Nach den Angaben der aktuellen <kes>-Sicherheitsstudie von 2006 ist dies jedoch nur in 54 % der Fälle gegeben. Um wiederum das IT-Risikomanagement **wirkungsvoll** betreiben zu können, muss dieses (alleine schon aufgrund der dargestellten Besonderheit der IT-Risiken) organisch in den IT-Sicherheitsprozess eingefügt werden. Schließlich stammen wichtige Inputs für das Risikomanagement aus dem IT-Sicherheitsmanagement.

Bei der Ermittlung der **Schwachstellen** ist zu beachten, dass jede Komponente eines IT-Systems über potentielle Angriffsflächen verfügt, die alleine schon der Konstruktion der Komponente geschuldet sind (siehe auch 1.3.2 Fortentwicklung der Informationstechnik). Durch die Kombination mehrerer Komponenten zum betrachteten IT-System verstärken sich teilweise die für die Gewährleistung der IT-Sicherheit als ungünstig anzusehenden Eigenschaften, andere wiederum ergänzen sich unvorteilhaft, so dass erst durch die Kombination ein Problem entsteht. Allerdings ist es ebenfalls möglich (und sogar wünschenswert), dass bestehende Sicherheitslücken gegenseitig geschlossen werden.

Um die Wirkungsweisen der Komponenten und ihrer Wechselwirkungen geeignet abschätzen zu können, bedarf es daher eines **Vulnerability-Managements**. Dabei sind die Berichte und Veröffentlichung einschlägiger Quellen aktiv zu verfolgen und auf die eingesetzte Informationstechnik zu übertragen. Sobald die entsprechenden Schwachstellen identifiziert wurden, ist i.d.R. mit Exploits zu rechnen, die dazu in der Lage sind, genau diese Schwachstellen auszunutzen. Bis vom Komponentenersteller geeignete Patches bereit gestellt werden, um die aufgedeckten Löcher zu schließen, besteht üblicherweise eine nicht unerhebliche zeitliche Lücke, für die zu entscheiden ist, wie mit dem identifizierten Risiko umgegangen wird.

Um die Wirkungsweise entdeckter Schwachstellen richtig einordnen zu können, muss Klarheit über die **Bedeutung** der entsprechenden Komponente (bzw. des gesamten IT-Systems) bestehen. Das hängt wiederum von der Kritikalität der betreffenden Komponente (bzw. des betreffenden IT-Systems) für das gesamte Unternehmen ab. Ein Server, auf dem die produktiven Geschäftsdaten verarbeitet werden ist z.B. in diesem Sinne (zunächst) als kritischer einzustufen, als ein Backup-Server zur Datensicherung.

Falls der **Geschäftszweck** des Unternehmens im Bereich der Dienstleistung liegt, sind meist E-Mail-Server und Telekommunikationsanlagen besonders schützenswert. Generell muss bei der Feststellung über die Bedeutung eingesetzter Informationstechnik also nach unternehmensspezifischen Merkmalen unterschieden werden.

Bei der Betrachtung der geschäftszweckbezogenen Bedeutung spielt dagegen stets die Anforderung der Verfügbarkeit eine **entscheidende** Rolle. Ist die Diskretion besonders notwendig (z.B. bei einer Detektei), ist zusätzlich der Schutz der Vertraulichkeit maßgeblich; bei Outsourcing-Unternehmen kann dagegen zusätzlich der Schutz der Integrität und Zurechenbarkeit ausschlaggebend sein.

Anhand der unternehmensspezifischen Anforderungen an den einzelnen Komponenten und ihrer Vernetzung zu einem IT-System ergibt sich ein konkreter **Schutzbedarf**. Dieser ist normativ anhand der informationstechnischen Bedeutung und aufgrund der festgestellten Schwachstellen durch die Geschäftsleitung festzulegen, damit sie ihrer Sorgfaltspflicht genügt.

Daneben sind die vorliegenden **Bedrohungen** hinsichtlich Safety (Unfälle) und Security (Angriffe) zu analysieren. Wichtige Informationen hierzu stammen sowohl aus dem Vulnerability-Management als auch aus dem Berichtswesen der unternehmenseigenen IT-Administration. Hierzu liefern die <kes>-Sicherheitsstudien seit mehreren Jahren wertvolle Rahmendaten.

Informationstechnische Input-Faktoren für ein Risikomanagement sind also sowohl die Festlegung des Schutzbedarfs, die durchgeführte Analyse der Bedrohungen als auch die Zielvorgaben mehrseitiger IT-Sicherheit, um schließlich eine geeignete **Bewertung** vornehmen zu können.

In enger Zusammenarbeit mit dem IT-Sicherheitsmanagement, zu dem das für diese Phase des Risikomanagements zentrale Vulnerability-Management zählt, sind auf dieser Datenbasis die Grundlage für geeignete **Maßnahmen** zu schaffen, wie mit **Sicherheitsvorfällen** (incidents) und **Notfällen** (disaster) umgegangen werden soll, da es zugleich um monetäre Entscheidungen geht.

3.3 Vorgehen zur Risikoanalyse

Nach der Identifikation bestehender Risiken sind diese hinsichtlich ihrer Bedeutung für das Unternehmen näher zu analysieren. Dazu existiert eine Fülle von unterschiedlichen Konzepten, von denen hier die wichtigsten und gebräuchlichsten vorgestellt werden. Eine zentrale Aufgabe der Risikoanalyse ist die Feststellung von Abhängigkeiten.

3.3.1 Fehlerbaum-Analyse

Eine häufig anzutreffende **Top-Down-Methode** ist die Fehlerbaum-Analyse (Fault Tree Analysis). Seit 1981 sind Methode und Bildzeichen auf der Grundlage des Fault Tree Handbook der US Nuclear Regulatory Commission in der DIN 25424-1 definiert. Seit 1990 ist zudem das Handrechenverfahren zur Auswertung eines Fehlerbaums als DIN 25424-2 verabschiedet und die Fault Tree Analysis zum internationalen Standard IEC 61025 erhoben worden.

Ausgehend von einem Fehlerereignis werden bei der Fehlerbaum-Analyse deduktiv die ursächlichen Ereignisse bestimmt, die für das Top-Ereignis verantwortlich sind (dabei werden üblicherweise die entsprechenden Wahrscheinlichkeiten eingetragen). Die immer tiefer gehende Analyse führt zu einer Grafik, bei der die entsprechenden Ursachen logisch miteinander verknüpft sind und daher auch mathematisch ausgewertet werden können. Ziel dieser grafischen Analyse ist die Identifizierung (und damit natürlich die Vermeidung) der **Single-Points-of-Failure**.

Ausgehend von der deutschen Symbolik, einer gut lesbaren Gestaltung und unter Vernachlässigung der mitunter schwierig zu ermittelnden Wahrscheinlichkeitswerte sieht ein Fehlerbaum beispielsweise zu einer mangelnden Verfügbarkeit eines Mail-Servers (unter Verwendung der entsprechenden Definition der Verfügbarkeit) in seine Teile aufgesplittet so aus:

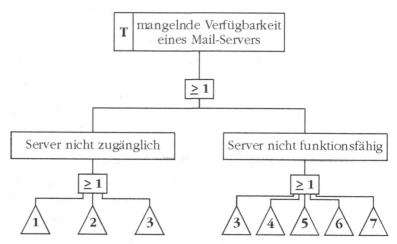

Abbildung 45: Übersicht eines Fehlerbaums

Der Mail-Server kann also nicht zugänglich oder nicht funktionsfähig sein. Eine nähere Untersuchung des ersten Teilbaums zur fehlenden Zugänglichkeit führt zu mehreren Alternativen:

- fehlerhafte Administration,
- fehlerhafte Vernetzung oder
- Ausfall des Servers.

Diese lassen sich weiter verfeinern und geben dann bereits aussagekräftige Basisereignisse (gekennzeichnet mit einem Kreis) bzw. nicht weiter zu untersuchende Ereignisse (gekennzeichnet mit einer Raute) preis.

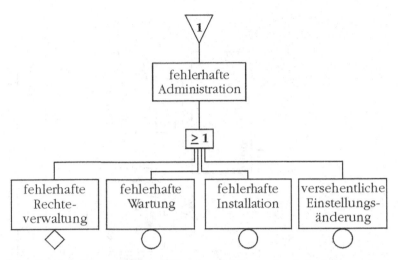

Abbildung 46: Ursachen für eine fehlerhafte Administration

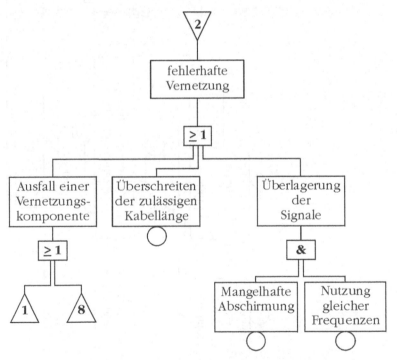

Abbildung 47: Ursachen für eine fehlerhafte Vernetzung

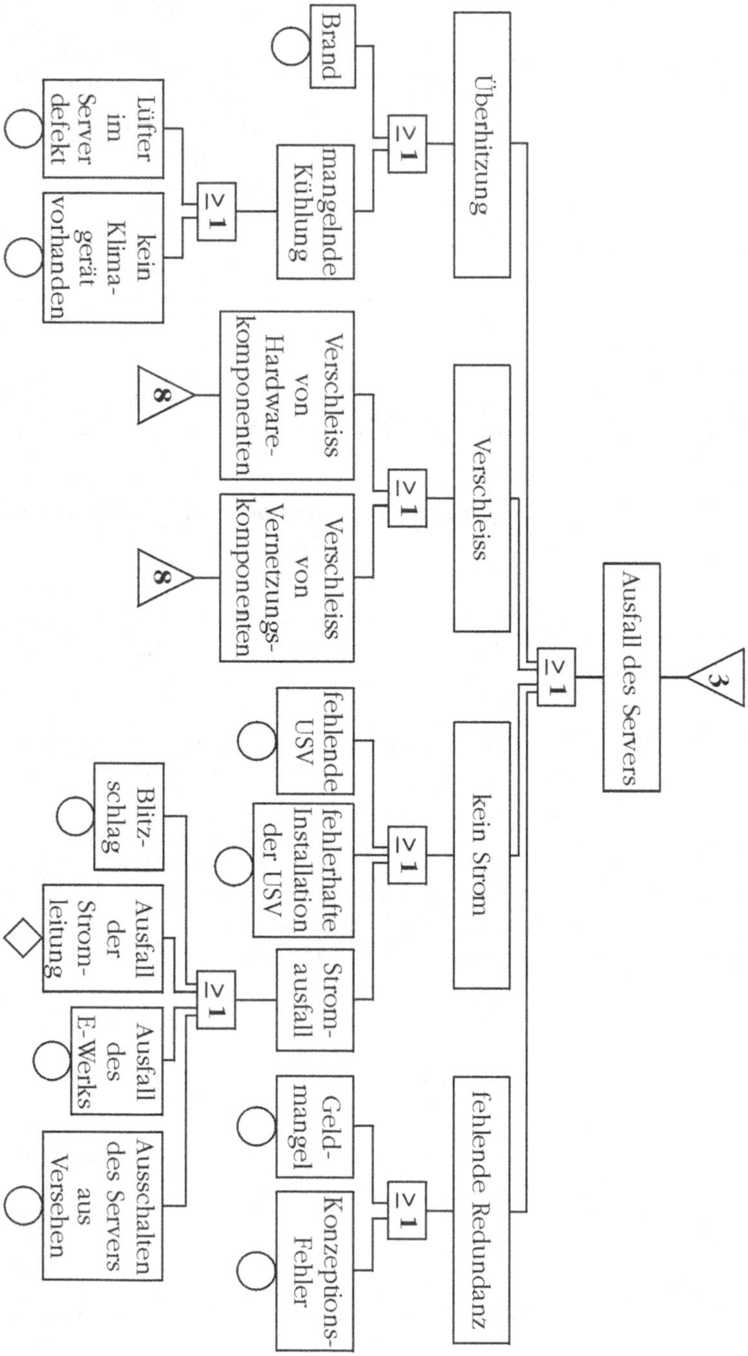

Abbildung 48: Ursachen für einen Ausfall des Servers

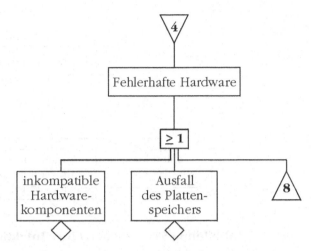

Abbildung 49: Ursachen einer fehlerhaften Hardware

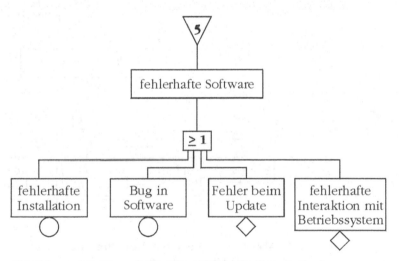

Abbildung 50: Ursachen einer fehlerhaften Software

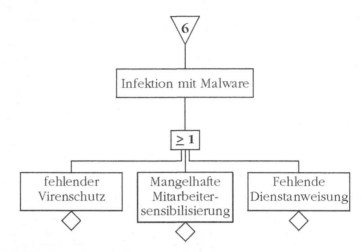

Abbildung 51: Ursachen einer Infektion mit Malware

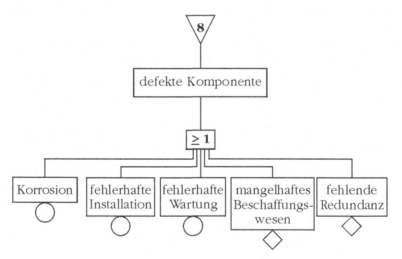

Abbildung 52: Ursachen defekter (Hardware- bzw. Vernet-zungs-) Komponenten

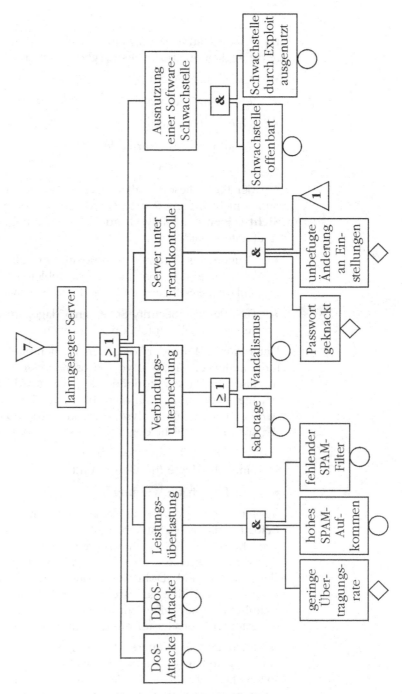

Abbildung 53: Ursachen eines lahmgelegten Servers

Die Untersuchung des zweiten Teilbaums zur fehlenden Funktionsfähigkeit ergab also als mögliche Fehlerursachen:

- Ausfall des Servers,

- fehlerhafte Hardware,

- fehlerhafte Software,

- Infektion mit Malware oder

- lahmgelegter Server.

Auf der Basis dieser Analyse, die – alleine schon aus Platzgründen – nicht bis ins feinste Glied erfolgt, lassen sich bereits die **Sichtweisen** der Safety als auch der Security gut bei diesem Beispiel unterscheiden:

- Gründe aus Safety-Sicht sind ein Ausfall des Servers, eine fehlerhafte Administration, eine fehlerhafte Hardware, eine fehlerhafte Software und eine fehlerhafte Vernetzung.

- Gründe aus Security-Sicht sind dagegen ein lahmgelegter Server und eine Infektion mit Malware.

Unter Anwendung der logischen Rechenregeln und der Ermittlung minimaler Gruppen von Basisereignissen, die das Topereignis eintreten lassen können (der sog. **Minimal Cut Sets**) erbrachte schon diese, sich nicht bis in alle Basisereignisse aufgliedernde, Fehlerbaumanalyse folgende **Single-Points-of-Failure**, die sowohl aus Sicht der Safety als auch der Security entscheidend sind:

- eine fehlerhafte Installation und

- eine fehlerhafte Wartung.

Insofern ergibt sich aus dieser Fehlerbaumanalyse zwingend die **Erfordernis**, zunächst ein Testsystem zu installieren und dort neue Komponenten zu überprüfen, bevor diese an das Produktivsystem angeschlossen werden. Außerdem sind unbedingt die Handbücher und Dokumentationen detailliert durchzugehen. Dies setzt also eine gewisse Standardisierung der informationstechnischen Tätigkeiten im Unternehmen voraus.Es kann auch ein externer Dienstleister mit den Aufgaben betraut werden.

Natürlich gibt es weitere Basisereignisse, die das Top-Ereignis eintreten lassen, die aber hier nicht weiter untersucht werden sollen. I.d.R. lassen sich diese Ereignisse auf fehlende **Redundanzen** zurückführen. Dies gilt auch für die beiden angegebenen Punkte, wenn es z.B. keine Stellvertretung bei der IT-Administration hinsichtlich der Zuständigkeit für den Mail-Server gibt oder eben kein zusätzliches Testsystem eingerichtet wurde.

Die Ermittlung der **Lösungswege** ist nicht Teil der Fehlerbaum-Analyse, sondern letztlich der Risiko-Behandlung. Aus Gründen der besseren Nachvollziehbarkeit wurde dennoch eine Auswahl möglicher Gegenmaßnahmen bereits an dieser Stelle benannt.

3.3.2   Angriffsbaum-Analyse

Eine modifizierte Sicht der Fehlerbaum-Analyse stellt die Angriffsbaum-Analyse (Attack Tree Analysis) dar, bei der ebenfalls eine **Top-Down-Methode** zur Anwendung kommt. Diese basiert auf Bruce Schneier und ist (noch) nicht normiert. Auch diese Methode eignet sich zur mathematischen Analyse.

Ausgangspunkt bei der Angriffsbaum-Analyse ist die Sicht eines potentiellen Angreifers hinsichtlich eines Angriffsziels. Dabei wird untersucht, welche Wege für den Angreifer aufgrund vorliegender Verwundbarkeiten und eines akzeptablen Aufwandes als hinreichend lukrativ anzusehen sind. Diese Wege erfordern daher geeignete Gegenmaßnahmen. Bei der Angriffsbaum-Analyse werden also lediglich Aspekte der Security behandelt.

Sobald der Angriffsbaum entwickelt wurde und dem Angriffsziel jeweils deduktiv die hierzu erforderlichen (alternativen) **Angriffswege** zugeordnet wurden (inkl. der unwahrscheinlichen Wege), werden die einzelnen Basisbedrohungen bewertet ("attributiert"), z.B. indem ihnen die benötigten Ressourcen (Finanzen, Fähigkeiten und Hilfsmittel) sowie die jeweiligen Entdeckungswahrscheinlichkeiten (diese unterscheiden sich fundamental von den Eintrittswahrscheinlichkeiten aufgrund des attestierten Zeitverzugs) zugeordnet werden. Von den "Blättern" aus werden dann die Werte aller übergeordneten Knoten gemäß ihrer logischen Verknüpfung ermittelt und so bestimmt, welchen Weg ein rationaler und intelligent handelnder Angreifer gehen würde.

Ausgehend vom vorangegangenen Beispiel wird hier (ohne detaillierte Angabe der zugrunde liegenden Bewertung, die sich an einem möglichst geringen Einsatz des Angreifers orientiert) die Bedrohung der Beeinträchtigung der Verfügbarkeit eines Mail-Servers betrachtet, wobei wahrscheinliche Angriffswege gestrichelt und die zugehörigen Maßnahmen grau hinterlegt wurden:

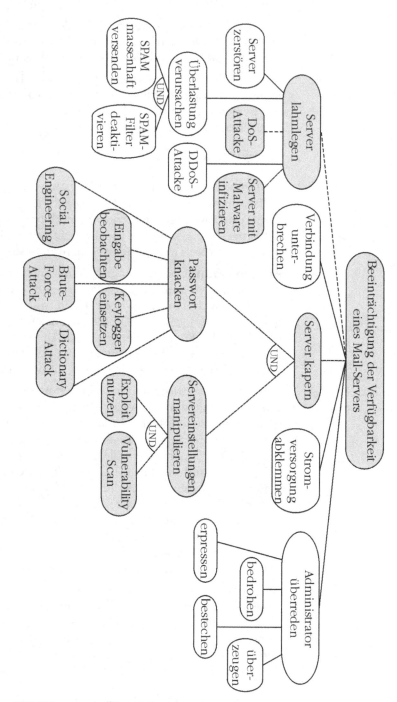

Abbildung 54: Übersicht eines Angriffsbaums

Aus der Darstellung kann abgelesen werden, dass das Lahmlegen oder Kapern des Mail-Servers mit dem **geringsten Aufwand** (und der geringsten Entdeckungswahrscheinlichkeit) verbunden ist. Eine DoS-Attacke kann bereits durch ein einfaches Programm durchgeführt werden, das schlicht Rechenzeit "stiehlt". Für das Knacken einfacher Passwörter gibt es frei verfügbare Tools, die erforderlichen Kenntnisse zur Änderung der Servereinstellungen entsprechen in etwa denen für die alternative DoS-Attacke.

Bei komplexeren **Passwörtern** (mind. 8 Zeichen, Kombination aus Großbuchstaben, Kleinbuchstaben, Zahlen und Sonderzeichen, ohne einfach zu ermittelnde Varianten wie "1loveU4ever!") steigt der benötigte Rechenaufwand für das Kapern des Mail-Servers jedoch zu stark an. Folglich ist die Umsetzung einer entsprechenden Passwort-Policy sowie der Einsatz aktueller Virenscanner gefordert.

Gegen **DoS-Attacken** hilft einerseits technische Redundanz und andererseits eine differenzierte und konsequent eingehaltene Rechteverwaltung, bei der vor allem die Schreibrechte restriktiv gesetzt sind. Entsprechende Attacken sollten natürlich erst mal festgestellt werden können, weshalb der Einsatz eines Intrusion Detection Systems gefordert ist.

Die Auswahl der wahrscheinlichen Angriffswege hängt allerdings stark von dem zu erwartenden **Angreifertyp** ab, denn ein Wirtschaftsspion geht anders vor als ein Script Kiddie oder ein Cracker. Die Abwehrstrategie muss jedoch auf unterschiedliche Angriffstypen vorbereitet sein. Diese Methode eignet sich daher besonders zur Abwehr von Wirtschaftsspionage, aber eben auch gegen böswillige oder spieltriebmotivierte Angriffe.

Eine zentrale Voraussetzung bei der Gegenabwehr ist daher, Klarheit über die eigenen Verwundbarkeiten zu besitzt, weshalb sich z.B. die Durchführung von **Penetrationstests** durch ausdrücklich beauftragte externe Dienstleister empfiehlt, denn damit werden systematisch Verwundbarkeiten ermittelt. Dabei wird die Angreifersicht eingenommen, denn jeder Angriffstyp informiert sich (durch den Einsatz von Scannern) zuerst über die vorliegenden Verwundbarkeiten.

3.3.3   Fehlermöglichkeits- und -einflussanalyse (FMEA)

Als Bottom-Up-Methode ist dagegen die ursprünglich für Raketentechnik in den 40er Jahren in den USA entwickelte Fehlermöglichkeits- und -einflussanalyse (Failure Mode and Effect Analysis; **FMEA**) im Einsatz. Diese ist seit 1985 als internationaler Standard IEC 60812 sowie seit 1990 unter der Bezeichnung Ausfalleffektanalyse (DIN 25448) genormt.

Zu den Risikofaktoren Schaden und Eintrittswahrscheinlichkeit tritt die Entdeckungswahrscheinlichkeit. Im Rahmen der FMEA wird die **Risikoprioritätszahl** (RPZ) als zu beurteilende Größe wie folgt definiert:

RPZ = Schaden * Eintreten * Entdeckungsfaktor

Üblich ist z.B. in der Automobilindustrie, dass dort präzise Angaben bei den beteiligten Faktoren eingetragen werden. Bei IT-Systemen liegen dagegen weniger Erfahrungswerte vor, so dass die Werte üblicherweise auf einer **Skala** zwischen 1 und 10 eingeordnet werden, damit auf der Grundlage der FMEA eine Risikobewertung stattfinden kann. Dabei ist zu beachten, dass beim Entdeckungsfaktor eine gegenläufige Skala verwendet wird (also von 10 bis 1), so dass alle Werte miteinander vergleichbar sind.

Dennoch stellt es eine besondere Herausforderung dar, für die **Entdeckungswahrscheinlichkeit** eine realistische Abschätzung angeben zu können. Hier fehlen noch aussagekräftige Untersuchungen. Einen ersten Ansatz hierzu liefern die Werte der aktuellen <kes>-Sicherheitsstudie von 2006 zu vorliegenden Vertrauensbrüchen, die folgende Entdeckungswahrscheinlichkeiten ergeben, wenn man die als "sicher" entdeckten Vertrauensbrüche mit 100 % Entdeckungswahrscheinlichkeit bewertet, die "vermuteten" mit 66,7 % und die "eher nicht vorliegenden" mit 33,3 %:

- Verlust bzw. Diebstahl mobiler Systeme: 72 %,

- Einbruch ins Gebäude: 66 %,

- Verlust bzw. Diebstahl von Speichermedien: 48 %,

- Missbrauch bzw. Weitergabe von Berechtigten: 41 %,

- Online-Angriff (Hacking, Systemeinbruch...): 37 % und

- Abhören von Kommunikation: 37 %.

Andererseits wurde in der aktuellen <kes>-Sicherheitsstudie von 2006 für einen (erfolgreichen) Online-Angriff ein Schaden in Höhe von 5.600 EUR ermittelt, der bei einem mittleren geschätzten Datenwert in Höhe von 558 Mio EUR bei einer Skala von 1 bis 10 auf der Stufe 5 (anhand der Stellen des zugrundeliegenden Betrags) einzuordnen ist. Das Auftreten eines **Hackingangriffs** wurde mit 24 % angegeben (entspricht damit der Stufe 3, da zwischen 20 und 30 %). Daraus ergibt sich (unter Berücksichtigung der gegenläufigen Skala bei der Entdeckungswahrscheinlichkeit) folgende Risikoprioritätszahl entsprechend der jeweiligen Einzelangaben auf einer Skala von 1 bis 10:

RPZ (Hacking) = 5 * 3 * 7 = 105 (von 1000)

Die aktuelle <kes>-Sicherheitsstudie gibt dagegen hinsichtlich eines **Virenbefalls** einen Schaden von 18.324 EUR (entspricht folglich der Stufe 6) bei einem Auftreten von 72 % (Stufe 8) an. Die Entdeckungswahrscheinlichkeit eines Virenbefalls kann (je nach Güte des eingesetzten Virenscanners!) mit 90 % (nach unten) abgeschätzt werden (nach http://www.av-comparatives.org), so dass sich folgende Risikoprioritätszahl ergibt:

RPZ (Virusbefall) = 6 * 8 * 1 = 48 (von 1000)

Von einem Hacking-Angriff geht demnach ein **höheres Risiko** aus, als von einem Virusbefall, was ohne Betrachtung der Entdeckungswahrscheinlichkeit anders beurteilt worden wäre:

Risiko (Hacking) = 5.600 EUR * 24 % = 1.344 EUR

Risiko (Virusbefall) = 18.324 EUR * 72 % = 13.193 EUR

Die Reihung ändert sich auch dann nicht, wenn nur der Virusbefall berücksichtigt wird, der einen konkreten Schaden zur Folge hatte (35 % statt 72 %):

Risiko (Virusschaden) = 18.324 EUR * 35 % = 6.413 EUR

Der den IT-Systemen innewohnende Unsicherheitsfaktor wird im Rahmen der FMEA zumindest ansatzweise in quantitative Größen gefasst und somit **messbar**. Sobald im Bereich der Entdeckungswahrscheinlichkeiten (möglicherweise aufgrund der Untersuchungen von Honeynets und Honeypots) neue Erkenntnisse vorliegen, lässt sich eine Risikoanalyse mit einer fundierteren Datenbasis durchführen.

3.4   Methoden zur Risikobewertung

Das Risikomanagement dient letztlich dazu, das nötige Datenmaterial für Handlungen der Geschäftsführung eines Unternehmens bereit zu stellen, um auf der Grundlage einer validen Datenbasis risikoreiche Geschäftsvorfälle vermeiden zu können. Dazu werden die Ergebnisse der Risikoanalyse in spezielle Schemata eingepasst, die die zu ergreifenden Maßnahmen erkennen lassen sollen.

3.4.1 Risikotabelle und Risikomatrix

Im Rahmen der Risikoanalyse wurde bereits zu jedem identifizierten Risiko die zugehörigen Schadenswerte und Eintrittswahrscheinlichkeiten berechnet. Diese lassen sich nun in Form einer Tabelle darstellen, wobei die Risiken in eine Rangfolge gebracht werden. Anhand der aktuellen <kes>-Sicherheitsstudie ergibt sich beispielsweise (auszugsweise) folgende **wertbezogene Risikotabelle**, dabei wird der Schaden in Euro angegeben:

Rang	Bezeichnung	Schaden	Auftreten	Risiko
1.	Virusinfektion	18.324	72 %	13.193
2.	Spywarebefall	3.372	57 %	1.922
3.	Online-Angriff	5.600	24 %	1.344

Abbildung 55: Beispiel einer wertbezogenen Risikotabelle

Da die detaillierten Einzelwerte oft nicht vorliegen, werden Schaden und Auftreten oft in eine jeweils separate Rangfolge gebracht. Wendet man letzteres bei obiger Beispielstabelle an, ergibt sich folgende **rangbezogene Risikotabelle**:

Rang	Bezeichnung	Schaden	Auftreten	Risiko
1.	Virusinfektion	1	1	1
2.	Spywarebefall	3	2	6
2.	Online-Angriff	2	3	6

Abbildung 56: Beispiel einer rangbezogenen Risikotabelle

Sofern dies sinnvoll durchführbar ist, bietet es sich an, Schaden und Auftreten in Stufen zu kategorisieren (z.B. auf einer Skala von 1 bis 10 oder in drei Stufen für hoch, mittel und niedrig).

Bei einer Umsetzung obiger Werte in entsprechende Skalenwerte (von 3 für "hoch" bis 1 für "niedrig") ergibt sich folgende **skalenbezogene Risikotabelle**:

Rang	Bezeichnung	Schaden	Auftreten	Risiko
1.	Virusinfektion	2	3	6
2.	Spywarebefall	1	2	2
3.	Online-Angriff	1	1	1

Abbildung 57: Beispiel einer skalenbezogenen Risikotabelle

Berücksichtigt man dagegen beim Auftreten gar in Anlehnung an die **FMEA** einen um die Entdeckungswahrscheinlichkeit modifizierte Eintrittswahrscheinlichkeit, etwa weil der Online-Angriff noch nicht bemerkt wurde und insofern ein höheres Eintrittsrisiko unterstellt werden kann, kommt der Online-Angriff gar auf Platz 1 (siehe Abschnitt 3.3.3 Fehlermöglichkeits- und –einflussanalyse (FMEA)).

Jede Darstellung kann zu Gewichtungsunterschieden führen, die zu unterschiedlichen Rangfolgen führen. Je nach der gewählten Darstellung können sich damit Änderungen in der **Wahrnahme** des Risikos einstellen. Je umfangreicher die zu betrachtenden Einträge einer Risikotabelle sind, desto höher fällt daher u.U. der modellspezifische Charakter bei der Auswahl der darauf basierenden Maßnahmen ins Gewicht. Um so bedauerlicher ist es, dass in der Literatur bei angegebenen Risikotabellen auf diesen Umstand der Modellabhängigkeit nicht hingewiesen wird, sondern die gewählte Form als einzige dargestellt wird.

Da in einer Risikotabelle für jede Risikoart (Zeilen) die spezifischen Werte der Einflussgrößen (Spalten) angegeben sind, wird diese Darstellung ohne explizite Ermittlung des Risikos und die darauf basierende Rangfolgenermittlung auch **Risikomatrix** genannt. Die Rechenoperationsregeln für Matrizen sind jedoch nur sinnvoll anwendbar, wenn die Werte der Einflussgrößen gleich dimensioniert sind, wie z.B. bei der skalenbezogenen oder rangbezogenen Risikotabelle.

Die Darstellung als Risikomatrix wird z.B. dann verwendet, wenn etwa im Zuge eines **Data-Minings** (rechnerische) Querbezüge (durch Korrelationsanalyse und Regressionsanalyse) untersucht werden sollen.

3.4.2   Risikoportfolio und Risk-Map

Eine grafische Darstellung der zweidimensionalen Risikomatrix liefert die zugehörige Portfolioanalyse. Dieses Verfahren wird klassischerweise bei der **strategischen Unternehmensplanung** angewandt. Anstelle marktspezifischer Determinanten werden hier die beiden Einflussgrößen Eintrittswahrscheinlichkeit und Schadensausmaß/-potential zu den Koordinaten.

Anhand der beiden Achsenwerte kann an der Stelle, an der beide Werte aufeinander treffen, eine Markierung für die untersuchte Risikoart gesetzt werden. Auf diese Weise kann auf einem Blick festgestellt werden, wo die **Problemrisiken** liegen und wie sinnvoll mit diversen Risiken umgegangen werden kann. Die Anzahl der Felder wird i.d.R. nach unternehmensspezifischen Vorlieben ausgewählt (klassisch sind hier in Anlehnung an die empirischen Studien der Boston-Consulting-Group 4 oder 9 Felder).

Eine Klassifikation der identifizierten und analysierten Risiken kann z.B. nach folgendem Schema erfolgen, das von 25 Feldern ausgeht, wobei die Geschäftsleitung (i.d.R. abhängig von der Branche, in der das Unternehmen tätig ist, und der üblicherweise gezeigten Risikofreudigkeit) die eigentliche Akzeptanzlinie einzuziehen hat:

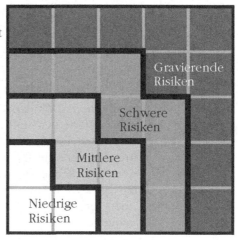

Schadenseintritts-
wahrscheinlichkeit

Gravierende Risiken

Schwere Risiken

Mittlere Risiken

Niedrige Risiken

Schadensausmaß/-potential

Abbildung 58: Einordnung von Risiken mittels Portfolio-Analyse

Je nachdem, in welchen Teil dieses Portfolios also die Risikoarten angesiedelt sind (speziell auf welcher Seite der eingezogenen Akzeptanzlinie), sind **Maßnahmen** erforderlich, um die Risiken vorzugsweise auf eine niedrigere Risikostufe zu zwingen oder zumindest das Unternehmen so abzusichern, dass etwaige Folgen der Risiken abgemildert werden.

Unter Berücksichtigung des **RoSI** (siehe hierzu auch Abschnitt 3.1.1 Besonderheit der Risiken von IT-Systemen) kann schließlich im Portfolio eingezeichnet werden, auf welches Feld ein Risiko durch entsprechende Maßnahmen gesenkt werden kann. Eine Maßnahme erreicht meist nur die Reduktion eines Risikos, nicht aber dessen völlige Vermeidung.

Alternativ werden in der Aufbereitung einer Portfolioanalyse die Anzahl der Risiken in einem Feld durch die Größe von Blasen (bubbles) dargestellt und auf die Auflistung aller Risikoarten verzichtet, wenn sehr viele Risikoarten in einem Portfolio abgebildet werden sollen. Daraus lässt sich leicht ablesen, in welchem Bereich sich besonders viele Risiken befinden, die die **Aufmerksamkeit** der Geschäftsführung erfordern.

Solche Darstellungen werden auch als **Risk Map** bezeichnet. Meist wird eine Risk-Map jedoch unter expliziter Einzeichnung der Risikoarten und etwaiger Änderungen bei Maßnahmenergreifung in Form einer 4-Feld-Matrix verwendet. Die anzustrebenen Handlungsoptionen können so direkt abgelesen werden:

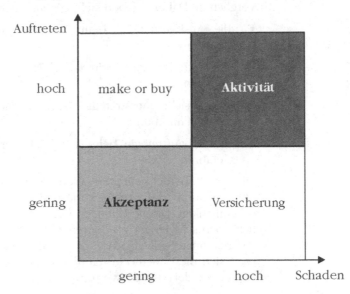

Abbildung 59: Handlungsoptionen anhand einer Risk-Map

Für umfassendere Darstellungen bietet sich die Aggregation der Risikoarten zu **Risikokategorien** an (etwa Finanzrisiken, Marktrisiken, operationelle Risiken etc.), um den unternehmensspezifischen Fokus stärker zu berücksichtigen. Allerdings sind informationstechnische Risiken meist zu heterogen, um in eine einzige Kategorie gepresst werden zu können. Hier kann es entscheidend davon abhängen, welche Geschäftsziele verfolgt werden, da dies Rückwirkungen auf die eingesetzten Mittel zur Folge hat.

3.4.3   SWOT-Analyse und Balanced Score Card (BSC)

Unter einer **SWOT-Analyse** versteht man eine Gegenüberstellung der Stärken (strengths) zu Schwächen (weaknesses) und der Chancen (opportunities) zu Gefahren (threats), sowie der gegenseitigen Querbezüge, aus denen sich die zu wählende Strategie ablesen lässt. Deshalb wird die SWOT-Analyse als ein generelles Instrumentarium zur strategischen Unternehmensplanung angesehen, das (mit einigen Mühen) für IT-Systeme adaptiert werden kann.

Die Stärken und Schwächen werden als interne Faktoren angesehen, die Chancen und Gefahren dagegen als externe Faktoren. Die internen Faktoren werden dann mit den externen Faktoren verglichen. Dabei ergeben sich folgende **Strategien**:

- die Ausbaustrategie beim Vergleich der Stärken mit den Chancen,
- die Aufholstrategie beim Vergleich der Schwächen mit den Chancen,
- die Absicherungsstrategie beim Vergleich der Stärken mit den Gefahren und
- die Abbaustrategie beim Vergleich der Schwächen mit den Gefahren.

Die dabei berücksichtigten Werte ergeben sich jeweils durch Multiplikation des Auswirkungsmaßes mit der Eintrittswahrscheinlichkeit. Da die Chancen bei der Informationstechnik letztlich noch schwieriger zu quantifizieren sind als die Risiken, konzentriert man sich also auf die Analyse der Gefahren. Insofern reiht sich diese Methode nahtlos in die bereits vorgestellten Basismodelle der Risikobewertung ein.

Unter einer **Balanced Scorecard** ist ein zur strategischen Unternehmensplanung verwendetes, komplexes Kennzahlensystem zu verstehen, das hinsichtlich der gewählten Perspektiven ausgewogen ist. Als Standardperspektiven gelten die finanziellen Perspektiven, die Kundenperspektive, die interne Prozessperspektive und die Lernen- und Wachstumsperspektive, die jeweils hinsichtlich Ziele, Kennzahlen, Vorgehen und Maßnahmen untersucht werden. Hierzu werden Vorgaben definiert, aus denen insbesondere hervorgeht, bis wann ein bestimmter Wert zu erreichen ist.

Die Verzahnung der strategischen Unternehmensplanung mit dem **operativen Geschäft** führt dazu, dass diese Methode auch im Bereich der IT-Risiken zur Anwendung kommt. Die Unternehmensstrategie wird als kontinuierlicher Prozess verstanden, weshalb sich hier die rasche zeitliche Komponente im Bereich der Informationstechnik geeignet und nachvollziehbar modellieren lässt.

Hinzu kommt, dass z.B. das zur Einhaltung der **Compliance** eingesetzte CobiT dieses Modell unterstützt und entsprechende Indikatoren definiert. Auch ist dieses Modell im Kontext von Basel II anerkannt.

3.5   Umgang mit Risiken

Nachdem vorhandene Risiken identifiziert, analysiert und bewertet wurden, ist zu klären, wie mit den Ergebnissen umgegangen wird und welche Maßnahmen ergriffen werden sollen.

3.5.1   Risiko-Behandlung

Beim Umgang mit Risiken ist zu unterschieden, ob diese vermieden, vermindert, abgewälzt oder getragen werden sollen. Für jedes Risiko existieren entsprechende **Gegenmaßnahmen** (safeguards), doch ist durch die Geschäftsleitung bewusst auszuwählen, was davon wie realisiert werden soll. Alle möglichen Maßnahmen, um schließlich selbst die jeweiligen Restrisiken auf ein Minimum zu reduzieren, wird ein Unternehmen nur selten finanziell tragen können. Zudem kann es keine 100-%-ige IT-Sicherheit geben (alleine schon aufgrund des Restrisikos eines Meteoriteneinschlags...).

Deshalb sind zunächst **inakzeptabel hohe Risiken**, die den Fortbestand eines Unternehmens gefährden, vorzugsweise zu vermeiden oder zumindest massiv zu reduzieren, um der geforderten Sorgfaltspflicht genügen zu können. Insofern muss das konkret zur Anwendung kommende Risikomanagement dazu in der Lage sein, diese existenzbedrohenden Risiken eindeutig feststellen zu können. Dies stellt also im Zuge des KonTraG eine notwendige Bedingung für die Organisation des Risikomanagements dar. Daher ist eine Verzahnung des Risikomanagements mit der strategischen Unternehmensplanung geboten.

Schwere Risiken, die relativ häufig auftreten können, erfordern gleichfalls unbedingten Handlungsbedarf. Allerdings ist hier entscheidend, ob eine Gegenmaßnahme ein positiven RoSI erbringt und ob die geplante Gegenmaßnahme in Eigenregie durchgeführt werden kann oder die Inanspruchnahme von Dienstleistungen Dritter erfordert. Bei dieser Entscheidung ist ausschlaggebend, wie die innerbetriebliche Organisation angelegt ist. Einige Aktivitäten wie z.B. Penetrationstests werden sinnvollerweise durch Externe durchgeführt, um unabhängige Reports vorweisen zu können (dies zählt hier zum "Stand der Technik").

Akzeptable mittlere Risiken, die insbesondere nur selten auftreten, dafür aber kostenintensiv sind, werden üblicherweise auf Versicherungen abgewälzt. Wenn dies nicht möglich (nicht alle Risiken werden von Versicherungen übernommen) bzw. gewünscht ist und das festgestellte Risiko dennoch nicht getragen werden soll, empfiehlt sich auch hier Outsourcing als Abwälzungsstrategie, da der entsprechende Anbieter meist aufgrund seiner Spezialisierung solche Risiken besser abfedern kann. Allerdings ist zu beachten, dass der Einfluss auf Outsourcing-Unternehmen meist stark begrenzt ist und in sich ein weiteres Risiko birgt, das bei der Vergabe im Rahmen des Risikomanagements zu berücksichtigen ist.

Akzeptable niedrigere Risiken können dagegen bedenkenlos getragen werden. Leider sind es erfahrungsgemäß oft diese Risiken, die sehr viel Zeit der IT-Administration in Anspruch nehmen, da diese zuerst anderen Mitarbeitern (oft in der Führungsetage) negativ auffallen. Hier kann daher ein Risikomanagement enorme Ressourcen für sinnvollere Projekte freisetzen.

Sollte das Unternehmen im sicherheitskritischen Bereich tätig sein oder mit sensiblen Daten operieren, empfiehlt sich generell die Einrichtung eines **IT-Sicherheitsbeauftragten** (wahlweise auch eines Chief Information Security Officers) bzw. eines Sicherheitsteams (Computer Emergency Response Team) zu dessen Unterstützung bei größeren Unternehmen. Aufgabe dieser Funktionen ist die Planung und Überwachung des Risikomanagements bei IT-Systemen, weshalb diese getrennt von der IT-Administration angesiedelt sein sollten.

Die Einrichtung zentraler Anlaufstellen für Sicherheitsvorfälle dient nicht nur der Behandlung von Sicherheitsvorfällen, sondern auch der Prävention. Allerdings benötigt dies zur Wirksamkeit i.d.R. die Verabschiedung von Security Policies, aus denen sich den Mitarbeitern die **Sicherheitsleitlinien** des Unternehmens erschließen. Diese ist zu flankieren durch Richtlinien (guidelines), Dienstanweisungen und Schulungen, um ein entsprechendes Sicherheitsbewusstsein (**security awareness**) zu erzeugen.

Als **Ergebnis** resultieren ein Notfall-Vorsorge-Konzept, mit dem insbesondere den (gravierenden) IT-Risiken der Safety schon bei der Architektur der IT-Infrastruktur adäquat begegnet werden kann, sowie ein IT-Sicherheitskonzept, mit dem dagegen in erster Linie den IT-Risiken der Security im laufenden Betrieb angemessen geantwortet werden kann. Insofern ist die Dokumentation des Umgangs mit Risiken ein wichtiger Faktor bei der Gewährleistung der Compliance. Beide Aspekte werden daher inzwischen von Wirtschaftsprüfern auch begutachtet.

3.5.2   Überwachung der Risiken

Da der Prozess des Risikomanagements kein statischer Prozess ist, sich identifizierte IT-Risiken oft mit der Zeit an entscheidenden Punkten verändern bzw. neue hinzutreten, ist ein fortdauerndes **Monitoring** erforderlich. Dabei ist u.a. zu beurteilen, ob ergriffene Maßnahmen Erfolg gezeigt haben oder welche Abhängigkeiten letztlich zum Misserfolg führten.

Der Prozess des Risikomanagements ist deshalb zu **verstetigen**, damit Entwicklungen nachgezeichnet und wertvolle Erkenntnisse gebündelt werden können. Außerdem ist hier wie bei der Feststellung der IT-Risiken eine enge Verzahnung zwischen Risikomanagement und IT-Sicherheitsmanagement gefordert.

Daher kann diese Aufgabe ebenfalls ein **IT-Sicherheitsbeauftragter** oder ein entsprechendes Äquivalent übernehmen (siehe den voranstehenden Abschnitt). Die Einrichtung dieser Funktion entlastet die Geschäftsführung jedoch nur teilweise, denn sie hat sich immer noch selbst von der Wirksamkeit ihrer Tätigkeiten zu überzeugen, weshalb ein Inhaber dieser Funktion regelmäßig der Geschäftsführung Bericht zu erstatten hat.

Somit steht ein IT-Sicherheitsbeauftragter zwischen Geschäftsführung und IT-Administration und muss daher ähnliche **Qualifikationen** aufweisen wie ein Datenschutzbeauftragter. Allerdings werden diese beiden Funktionen sinnvollerweise ebenfalls getrennt, da die jeweilige Sichtweise sich teilweise unterscheidet (siehe auch das nachfolgende Kapitel).

3.6 Zusammenfassung

Zahlreiche Anforderungen an die IT-Sicherheit erfordern die Einrichtung eines Risikomanagements, das Gefahren für die Fortentwicklung eines Unternehmens frühzeitig erkennt und Handreichungen für entsprechende Gegenmaßnahmen liefert.

Beim Risikomanagement sind folgende Aspekte zu verzahnen:

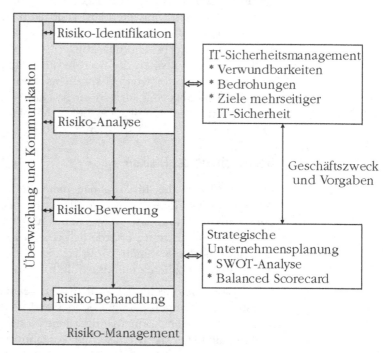

Abbildung 60: Übersicht über das Risikomanagement

3.6.1 Zusammenfassung: IT-Sicherheit und Risikomanagement

Die Sorgfaltspflicht erfordert ein Risikomanagement, das auch die speziellen Risiken der Informationstechnik adäquat berücksichtigt. Ein Risiko stellt eine nach Häufigkeit und Auswirkung bewertete negative Abweichung eines zielorientierten Systems dar. Hinsichtlich der Informationstechnik sind bei der Betrachtung vor allem die Ziele mehrseitiger IT-Sicherheit zu berücksichtigen.

Allerdings existeren nur spärliche Kenndaten für Eintrittswahrscheinlichkeit und Schadensausmaß bei vorhandenen IT-Risiken, was eine finanzmathematisch valide Berechnung erschwert. Dennoch ist es wichtig, Investitionen zur Schadensabwehr finanzmathematisch abschätzen zu können. Der Wert des Return on Security Investment (RoSI) bestimmt sich daher aus dem ursprünglichen Schadensrisiko abzüglich des verbleibenden Restrisikos und der Kosten für die Sicherheitsinvestition. Den Unsicherheiten der Prognose informationstechnischer Gefahren wird i.d.R. durch die Erstellung einer Rangfolge identifizierter Risiken begegnet.

Es ist jedoch beim Risikomanagement zu unterscheiden, ob es sich um die Erstellung oder um den Betrieb von IT-Systemen geht. Für die Erstellung von IT-Systemen existieren gerade im Zuge des V-Modell XT zahlreiche besondere Anforderungen. Außerdem fallen dann weitere Aspekte des Projektmanagements ins Gewicht. Werden eingesetzte Komponenten selbst erstellt, sind diese ausführlich zu testen. Werden sie dagegen von Dritten bezogen, kann die Eignung ggf. mit Abstrichen durch Zertifizierungen nachgewiesen werden.

Das Risikomanagement hat drei verschiedene Dimensionen abzudecken: welche Instanz ist durch was hinsichtlich welcher Zielsetzung bedroht? Die Untersuchung jedes Teil-Kubus ist letztlich Aufgabe des Risikomanagements.

3.6.2   Zusammenfassung: Prozess des Risikomanagements

Die erforderlichen Schritte des Risikomanagements gliedern sich deshalb in die Identifikation der Risiken, die Analyse der festgestellten Risiken, die Bewertung der relevanten Risiken und die Bereitstellung der nötigen Informationen zur Behandlung der handlungsrelevanten Risiken. Die jeweiligen Erkenntnisse sind gegenüber der Geschäftsführung regelmäßig zu kommunizieren und ergriffene Maßnahmen auf ihre Wirksamkeit hin zu untersuchen. Diese Vorgehensweise geschieht dabei in Form eines Prozesses.

Das Risikomanagement hat bei der Feststellung der IT-Risiken eng mit dem IT-Sicherheitsmanagement zusammen zu arbeiten, damit IT-Risiken überhaupt realistisch erkannt werden können, da die Informationstechnik einer rasanten Entwicklung unterliegt. Das Zusammenspiel zwischen diesen beiden Managementbereiche stellt sich wie folgt dar:

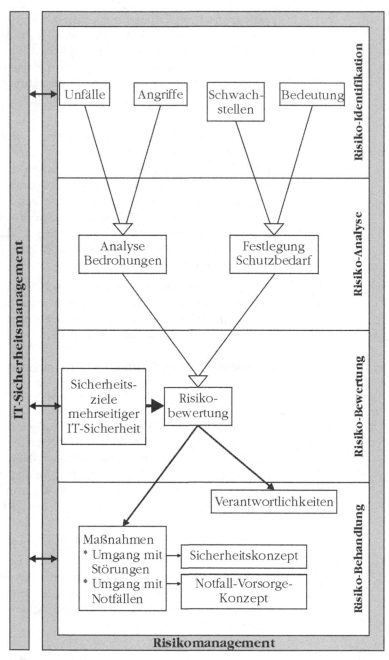

Abbildung 61: Zusammenspiel zwischen IT-Sicherheit und Risikomanagement

3.6.3   Zusammenfassung: Vorgehen zur Risikoanalyse

Wenn die relevanten IT-Risiken erkannt wurden, sind etwaige Abhängigkeiten zu untersuchen. Die geschieht z.B. durch eine Fehlerbaum-Analyse, bei der sukzessive die Gründe für einen aufgetretenen Fehler ermittelt und mit entsprechenden Wahrscheinlichkeitswerten versehen werden. Auf diese Weise werden Single-Points-of-Failure erkannt und können so insbesondere durch Redundanz vermieden werden. Die Fehlerbaum-Analyse integriert Aspekte der Safety und Security.

Soll dagegen speziell das Verhalten eines Angreifers untersucht werden, bietet sich die Angriffsbaum-Analyse an, bei der von einem Angriffsziel ausgehende Angriffswege beschrieben werden und i.d.R. ob der hierzu erforderlichen Ressourcen und Entdeckungswahrscheinlichkeiten bewertet werden. Auf diese Weise kann festgestellt werden, wie sich ein intelligenter Angreifer verhält. Damit eignet sich diese Methode zur Abwehr von Wirtschaftsspionage genau so gut, wie zur Abwehr von böswilligen oder spieltriebmotivierten Angriffen, da die entsprechenden Bewertungen abhängig vom untersuchten Angreifertyp vorgenommen werden. Eigene Verwundbarkeiten werden auf diese Weise gut sichtbar.

Ein anderer konzeptioneller Weg wird dagegen bei der Fehlermöglichkeits- und -einflussanalyse gegangen, da diese von den Basisereignissen ausgeht. Hierzu wird zusätzlich zu den bekannten Risikofaktoren der Eintrittswahrscheinlichkeit und des Schadensausmaßes noch die Entdeckungswahrscheinlichkeit betrachtet, also mit welchem Zeitverzug muss man rechnen, um einen entsprechenden Fehler oder Angriff feststellen zu können. Damit ist diese Methode besonders gut geeignet, den Unsicherheitsfaktor bei den IT-Risiken abzubilden. Allerdings fehlen hier noch grundlegende Kenntnisse, weshalb im Bereich der IT-Systeme üblicherweise Skalenwerte von 1 bis 10 zur Anwendung kommen.

3.6.4   Zusammenfassung: Methoden zur Risikobewertung

Auf der Grundlage der identifizierten und analysierten IT-Risiken sind nun die Entscheidungshilfen für die Geschäftsführung zu ermitteln. Dies geschieht im Rahmen der Risikobewertung, bei der z.B. Risikotabellen oder Risikomatrizen genutzt werden. Die Einflussgrößen (Schaden und Eintrittswahrscheinlichkeit), deren Ergebnis als meßbares Risiko und der sich aus diesen Werten ergebende Rang zeigen auf, mit welcher Priorität ein IT-Risiko zu behandeln ist. Die Darstellungen hierzu erfolgen wahlweise wertmäßig, rangbezogen oder skalenbezogen. Die Darstellung ohne Ergebnis und Rangfolge wird üblicherweise als Risikomatrix bezeichnet, die für weitergehende Untersuchungen rechnerischer Abhängigkeiten, etwa im Zuge eines Data-Minings, verwendet wird.

Eine grafische Darstellung der zweidimensionalen Risikomatrix liefert die zugehörige Portfolioanalyse bzw. das zugehörige Risk-Map. Beide Formen werden vorzugsweise zur strategischen Unternehmensplanung angewandt und sind daher gängige Präsentationstechniken. So lässt sich gut sichtbar feststellen, welche IT-Risiken inakzeptabel hoch sind und wo sich unmittelbarer Handlungsbedarf ergibt.

Andere Formen der strategischen Unternehmensplanung sind die SWOT-Analyse, bei der Stärken und Schwächen den Chancen und Gefahren gegenüber gestellt werden, und die Balanced Scorecard, bei der unternehmerische Perspektiven mit Kennzahlen unterlegt werden. Letztere ist mit gängigen Methoden verzahnt, die bei der Ermittlung operativer Risiken zum Nachweis der Compliance eingesetzt werden. Allerdings sind beide Verfahren als übergeordnete Methoden anzusehen, da sie nicht ihren Schwerpunkt auf die Bewertung von IT-Risiken setzen.

3.6.5   Zusammenfassung: Umgang mit Risiken

Anhand der vorgenommenen Bewertung der festgestellten und analysierten IT-Risiken ist durch die Geschäftsführung zu entscheiden, welche Maßnahmen ergriffen werden. Hohe Risiken, die den Fortbestand des Unternehmens gefährden, sind unverzüglich zu vermeiden oder wenigstens entscheidend zu vermindern, um der geforderten Sorgfaltspflicht nachkommen zu können. Bei allen anderen Risiken gibt es genügend Spielraum für die Geschäftsführung – je nach Risikofreude. Teilweise können gerade seltene, dafür aber kostenintensive Risiken auf Versicherungen abgewälzt werden, andere wiederum bieten sich für ein Outsourcing an, da der Diensteanbieter aufgrund seiner Spezialisierung effektiver und effizienter mit den Risiken umgehen kann.

Ist ein Unternehmen im sicherheitskritischen Bereich tätig oder verarbeitet besonders sensible Daten bietet sich die Einrichtung eines IT-Sicherheitsbeauftragten an, der das Risikomanagement bei IT-Systemen planen und die Umsetzung der beschlossenen

Maßnahmen überwachen kann. Damit existiert zugleich eine zentrale Anlaufstelle für Sicherheitsvorfälle. Nötig ist üblicherweise auch die Erstellung einer Sicherheitsleitlinie, die konkret umgesetzt und vermittelt werden muss. Ein weiteres Ergebnis dieser Phase sind ein Notfall-Vorsorge-Konzept und ein IT-Sicherheitskonzept, was inzwischen durch Wirtschaftsprüfer kontrolliert wird.

Die Entwicklung der IT-Risiken bedürfen der Überwachung. Etwaige Erkenntnisse benötigt die Geschäftsführung, um die geforderte Compliance erfüllen zu können, so dass die Erkenntnisse regelmäßig zu kommunizieren sind. Dies erfordert eine Verstetigung des Prozesses des Risikomanagements. Da ein IT-Sicherheitsbeauftragter zwischen IT-Administration und Geschäftsführung anzusiedeln ist, muss er ähnliche Qualifikationen aufweisen wie ein Datenschutzbeauftragter.

4 Verhältnis zum Datenschutz

Im Kontext der zu erreichenden Compliance ist auch die Einhaltung des Datenschutzes notwendig (siehe Kapitel 1). Auch im Zuge des Schutzes des Fernmeldegeheimnisses wurden zahlreiche angrenzende Bestimmungen aufgeführt, die letztlich konkrete Folgen für die Gewährleistung mehrseitiger IT-Sicherheit haben. Deshalb sind die entsprechenden Anforderungen einander abzugleichen, zumal in der Praxis oft ein grundlegender Gegensatz zwischen gesetzlichen Erfordernissen und betrieblichen Eigeninteressen konstruiert wird. Eine Konvergenz dieser Interessen kann durch den Einsatz datenschutzfreundlicher Techniken erreicht werden.

4.1 Abgleich von Datenschutz und IT-Sicherheit

Wenn es lediglich um die automatisierte Verarbeitung personenbezogener Daten geht, stimmen viele datenschutztechnisch motivierte Aspekte mit denen mehrseitiger IT-Sicherheit überein. Dies trifft vor allem auf die zu ergreifenden technischen und organisatorischen Maßnahmen zu. Auch bei der Funktion eines Datenschutzbeauftragten bzw. eines IT-Sicherheitsbeauftragten gibt es mehr Gemeinsamkeiten, als auf dem ersten Blick zu erkennen ist. Etwaige Unterschiede finden sich erst im Detail und können in erster Linie mit den verschiedenen Sichtweisen begründet werden. Gerade diese sind jedoch einer genaueren Betrachtung wert, damit das Zusammenspiel besser beurteilt werden kann.

4.1.1 Technische und organisatorische Maßnahmen

Gleich mehrere **Gesetze** schreiben die Gewährleistung angemessener technischer und organisatorischer Maßnahmen vor, die i.d.R. einen hohen Bezug zur IT-Sicherheit aufweisen:

- § 9 BDSG zum Schutz personenbezogener Daten,
- § 78a SGB X zum Schutz personenbezogener Sozialdaten,
- §§ 107 und 109 TKG zum Schutz von (nicht nur personenbezogenen) Fernmeldedaten,

- § 4 TDDSG zum Schutz von personenbezogenen Nutzerinter-essen von Telediensten und

- § 18 MDStV zum Schutz von personenbezogenen Nutzerin-teressen von Mediendiensten.

Zahlreiche weitere Gesetze erfordern **implizit** entsprechende Maßnahmen. So gilt z.B. der Straftatbestand des Ausspähens von Daten (§ 202a StGB) nur, wenn geschützte Daten gegen unbe-rechtigten Zugang besonders gesichert sind. Die Verwendung technischer Aufzeichnungen als Beweismittel setzt deren erheb-lich erschwerte Manipulierbarkeit voraus, damit der entspre-chende Straftatbestand greifen kann (§§ 268 und 269 StGB). Ein Unternehmen ist also gut beraten, auch zur Abwehr potentieller Straftaten geeignete Maßnahmen zu ergreifen, um mehrseitige IT-Sicherheit gewährleisten zu können.

Ziel der meisten technischen und organisatorischen Maßnahmen ist vor allem die Verhinderung unzulässiger Informationsverar-beitung. Dies erfordert in jedem Fall eine geeignete Imple-mentation der Datensicherung und die entsprechende Protokol-lierung von Zugriffen.

Definition: Datensicherung
Maßnahmen zur Erhaltung und Sicherung des Datenverarbei-tungssystems, der Daten und Datenträger vor höherer Gewalt, Fehler und Missbrauch.

Im Wesentlichen zielt die Datensicherung also auf die Ausfall-sicherheit (**Safety**) ab. Die darüber hinaus ergriffenen tech-nischen und organisatorischen Maßnahmen dienen dagegen eher der Abwehr unberechtiger Zugriffe und damit der **Security**.

Die Anlage zu § 9 BDSG bestimmt folgende **Kontrollbereiche** für technische und organisatorische Maßnahmen:

- Organisationskontrolle: die innerbetriebliche **Organisation** ist so zu gestalten, dass sie den besonderen Anforderungen des Datenschutzes gerecht wird – dies gilt insbesondere für die nachfolgenden Kontrollbereiche, da dieser Bereich vor der expliziten Auflistung der anderen Bereiche gesetzt wur-de;

- Zutrittskontrolle: Unbefugten ist der Zutritt zu Datenverar-beitungsanlagen zu verwehren, mit denen personenbezogene Daten verarbeitet oder genutzt werden – dies dient also in erster Linie dem Schutz von **Gebäuden** und Serverräumen;

- Zugangskontrolle: Die Nutzung von Datenverarbeitungssystemen durch Unbefugte ist zu verhindern – dies dient dagegen dem Schutz des jeweiligen **IT-Systems** (auch vor Angriffen);

- Zugriffskontrolle: Die zur Benutzung eines Datenverarbeitungssystems Berechtigten dürfen ausschließlich auf die ihrer Zugriffsberechtigung unterliegenden Daten zugreifen, so dass personenbezogene Daten bei der Verarbeitung, Nutzung oder Speicherung nicht unbefugt gelesen, kopiert, verändert oder entfernt werden können – dies betrifft die eigentlichen **Anwendungen** und **Applikationen**, mit denen personenbezogene Daten erhoben, verarbeitet oder genutzt werden;

- Weitergabekontrolle: Bei der elektronischen Übertragung oder während des Transports oder ihrer Speicherung auf Datenträger dürfen personenbezogene Daten nicht unbefugt gelesen, kopiert, verändert oder entfernt werden, weshalb es überprüfbar und feststellbar sein muss, an welchen Stellen eine Übermittlung personenbezogener Daten durch Einrichtungen zur Datenübertragung vorgesehen ist – dies kann deshalb vor allem als Schutz des **Netzwerks** angesehen werden;

- Eingabekontrolle: Nachträglich muss es überprüfbar und feststellbar sein, ob und von wem personenbezogene Daten in Datenverarbeitungssystemen eingegeben, verändert oder entfernt worden sind – dies dient vor allem der **Zurechenbarkeit**;

- Auftragskontrolle: Personenbezogene Daten, die im Auftrag verarbeitet werden, dürfen nur entsprechend den Weisungen des Auftraggebers verarbeitet werden – dies dient damit der Absicherung der **Rechtsverbindlichkeit**;

- Verfügbarkeitskontrolle: Personenbezogene Daten sind gegen zufällige Zerstörung oder Verlust zu schützen – dies stellt die ausdrückliche Aufforderung zur **Ausfallsicherheit** dar;

- Datentrennungskontrolle: Zu unterschiedlichen Zwecken erhobene Daten müssen getrennt verarbeitet werden – dies unterstützt die Gewährleistung von **Zurechenbarkeit** und **Rechtsverbindlichkeit**.

Die technischen und organisatorischen Maßnahmen nach § 9 BDSG werden auch als **Datensicherheitsmaßnahmen** bezeichnet. Die Sichtweise der angegebenen Kontrollbereiche entspricht eher zentralen Rechenzentren, die zunehmend durch flexiblere Infrastrukturen in den Unternehmen ersetzt werden, doch existiert eine hohe Übereinstimmung zu üblichen IT-Sicherheitsmaßnahmen, wie sich aus dieser Auflistung ablesen lässt.

In mehreren Länderdatenschutzgesetzen werden daher anstelle der Kontrollbereiche inzwischen Schutzziele formuliert, die sehr nah an denen mehrseitiger IT-Sicherheit liegen. Meist wird dabei jedoch die Rechtsverbindlichkeit in Revisionsfähigkeit und Transparenz unterteilt. Auch wird vereinzelt in moderneren Landesdatenschutzgesetzen eine Risikoanalyse und ein Sicherheitskonzept vorgeschrieben. Aspekte der Datensicherheit weisen also (zunehmend) eine hohe **Schnittmenge** mit Aspekten mehrseitiger IT-Sicherheit auf:

	Verfügbarkeit	Integrität	Vertraulichkeit	Zurechenbarkeit	Rechtsverbindlichkeit
Organisationskontrolle	X	X	X	X	X
Zutrittskontrolle	X		X		
Zugangskontrolle	X	X	X		
Zugriffskontrolle	X	X	X	X	X
Weitergabekontrolle	X	X	X	X	X
Eingabekontrolle		X		X	
Auftragskontrolle					X
Verfügbarkeitskontrolle	X				
Datentrennungskontrolle		X	X	X	X

Abbildung 62: Vergleich von Kontrollbereichen und Sicherheitszielen

4.1.2   **Datenschutzbeauftragter und IT-Sicherheitsbeauftragter**

Die ergriffenen Datensicherheitsmaßnahmen werden sowohl vom Datenschutzbeauftragten als auch vom IT-Sicherheitsbeauftragten überprüft, sofern diese Funktionen jeweils besetzt wurden. Die Anforderungen an die Person, die die **Funktion** eines Datenschutzbeauftragten oder eines IT-Sicherheitsbeauftragten (bzw. Chief Information Security Officers) ausfüllt, sind vergleichbar und unterscheiden sich in erster Linie nur aufgrund der jeweiligen Sichtweise. Beide Funktionen werden sinnvollerweise direkt der Geschäftsführung unterstellt.

Die Bestellung eines **Datenschutzbeauftragten** ist im Gegensatz zur Bestellung eines IT-Sicherheitsbeauftragten gesetzlich vorgeschrieben: Bei Unternehmen ("nicht-öffentliche Stellen") ist ein Datenschutzbeauftragter zu bestellen, sobald mindestens zehn beschäftigte Personen (bis Ende 2006 waren es noch mindestens fünf beschäftigte Arbeitnehmer, so dass nunmehr auch leitendes Personal mitgezählt wird) ständig mit der automatisierten Verarbeitung personenbezogener Daten befasst sind bzw. mindestens zwanzig Personen mit der manuellen Erhebung, Verarbeitung oder Nutzung (§ 4f Abs. 1 BDSG). Unter der automatisierten Verarbeitung wird die Erhebung, Verarbeitung oder Nutzung unter Einsatz von Datenverarbeitungsanlagen verstanden. Der Datenschutzbeauftragte wirkt auf die Einhaltung datenschutzrechtlicher Vorschriften hin und besitzt hierzu ein umfassendes Kontrollrecht.

Die gesetzlich bestimmten **Anforderungen** an den Datenschutzbeauftragten sind die nötige Fachkunde (in Abhängigkeit des Schutzgrades der automatisiert verarbeiteten personenbezogenen Daten) und die Zuverlässigkeit. Was unter der erforderlichen Fachkunde zu verstehen ist, ist durch Gerichtsentscheide näher bestimmt worden und soll für den nachfolgenden Vergleich die Richtschnur bilden.

Unter dem Aspekt der **Zuverlässigkeit** werden gemeinhin beim Datenschutzbeauftragten die Fähigkeit zur Verschwiegenheit, die Vermeidung von Interessenkonflikten und die charakterliche Eignung verstanden. In den juristischen Kommentaren wird beispielsweise eine Interessenkollision mit der Funktion als Datenschutzbeauftragter bei Mitarbeitern der IT-Administration oder Mitgliedern der Geschäftsleitung gesehen.

Beim IT-Sicherheitsbeauftragten gibt es dagegen noch wenig **Erfahrungswerte** an ein entsprechendes Berufsbild, zumal dieser nicht zwingend in den Unternehmen einzusetzen ist. Bisher wurden nur in größeren Unternehmen sowie in Unternehmen, die mit sicherheitskritischen oder besonders sensiblen Daten arbeiten, IT-Sicherheitsbeauftragte eingesetzt.

Ein **Datenschutzbeauftragter** muss nach einem Urteil des Landgerichts Ulm folgende Kenntnisse und Fähigkeiten vorweisen:

- Anwendung rechtlicher Vorschriften aus dem Bereich des Datenschutzes, um zur Erfüllung der Sorgfaltspflicht und Compliance beitragen zu können;

- Kenntnisse der betrieblichen Organisation, da die Einhaltung datenschutzrechtlicher Vorschriften in der innerbetrieblichen Organisation durchzusetzen sind;

- Ausgewiesenheit in der Informationstechnik ("Computerexperte"), da der Umgang mit automatisierten Verarbeitungen personenbezogener Daten den Schwerpunkt der beruflichen Tätigkeit ausmacht;

- didaktische Fähigkeiten, um Schulungen zur Steigerung des datenschutzrechtlichen Bewusstseins halten zu können;

- psychologisches Einfühlungsvermögen und Konfliktmanagement, weil der Datenschutzbeauftragte geschickt den Betroffeneninteressen nachgehen muss und dabei oft zwischen IT-Administration und Geschäftsführung vermitteln muss;

- Organisationstalent, um den erforderlichen Prozess zur Umsetzung datenschutzrechtlicher Anforderungen managen zu können.

Ein **IT-Sicherheitsbeauftragter** muss vergleichbare Kenntnisse und Fähigkeiten vorweisen:

- Anwendung rechtlicher Vorschriften aus dem Bereich der IT-Sicherheit, um zur Erfüllung der Sorgfaltspflicht und Compliance beitragen zu können;

- Kenntnisse der betrieblichen Organisation, da einige Schwachpunkte im Sicherheitskonzept in der innerbetrieblichen Organisation zu suchen sind;

- Ausgewiesenheit in der Informationstechnik ("Computerexperte"), da die Herausforderungen der Informationstechnik zu den Hauptaufgaben eines IT-Sicherheitsbeauftragten zählen;

- didaktische Fähigkeiten, um Schulungen zur Steigerung des Sicherheitsbewusstseins halten zu können;

- psychologisches Einfühlungsvermögen und Konfliktmanagement, weil der IT-Sicherheitsbeauftragte zwischen IT-Administration und Geschäftsführung sitzt und vermitteln muss;

- Organisationstalent, um den erforderlichen Prozess mehrseitiger IT-Sicherheit und des IT-Risikomanagements managen zu können.

Sicherlich sind die Anforderungen mehrseitiger IT-Sicherheit im Bereich der Informationstechnik umfassender als beim Datenschutzbeauftragten, denn der **IT-Sicherheitsbeauftragte** muss alle relevanten Sicherheitsstandards kennen und umsetzen können, eine Sicherheitsarchitektur selbst entwerfen können und sich etwas umfassender in Kryptographie, Betriebssicherheit, Netzwerksicherheit und Systemsicherheit auskennen. Dabei hat er auch die IT-Systeme miteinzubeziehen, die keine personenbezogenen Daten automatisiert verarbeiten.

Dafür kümmert sich der **Datenschutzbeauftragte** zusätzlich um die Datenschutzkonformität manueller Datenverarbeitung, die den IT-Sicherheitsbeauftragten eher selten interessieren. Außerdem ist der Datenschutzbeauftragte in der Ausübung seiner Fachkunde weisungsfrei, darf nicht benachteiligt werden und ist durch das Unternehmen geeignet zu unterstützen. Auf diese wichtigen Schutzrechte kann sich ein IT-Sicherheitsbeauftragter derzeit nicht berufen.

4.1.3   Sichtweisen von Datenschutz und IT-Sicherheit

Die größten Unterschiede zwischen Datenschutz und IT-Sicherheit finden sich sicherlich in der jeweils zugrunde liegenden **Sichtweise**: Während beim Datenschutz das Interesse von Betroffenen hinsichtlich der Gewährleistung ihres informationellen Selbstbestimmungsrechts vorrangig ist, ist bei IT-Sicherheit das Interesse von Systembetreibern hinsichtlich der Gewährleistung verlässlicher und beherrschbarer IT-Systeme ausschlaggebend.

Bei **mehrseitiger IT-Sicherheit** wird ein Ungleichgewicht zwar weitgehend aufgelöst und mehr Gemeinsamkeiten erreicht, doch ist hier der datenschutzrechtliche Aspekt eben nur einer unter vielen. Deshalb werden durch Maßnahmen zur IT-Sicherheit nicht nur personenbezogene Daten geschützt, sondern alle Unternehmensdaten. Beim Datenschutz ist hingegen die Inhaltsebene der Daten ausschlaggebend für die zu ergreifenden Maßnahmen, bei IT-Sicherheit dagegen die Transportebene, weil es unerheblich ist, ob die Daten einen Personenbezug aufweisen.

Das **IT-Risikomanagement** erfordert eine umfassende (auch personenbezogene) Protokollierung von Tätigkeiten und Aktionen, um insbesondere feststellen zu können, von was oder wem eine Gefährdung der eingesetzten IT-Systeme ausgeht. Ziel der Protokollierung ist damit neben der anonymisiert durchführbaren Risikoanalyse ebenfalls die durch die Sorgfaltspflicht motivierte Überwachung sicherheitsrelevanter Aktivitäten.

Beim Datenschutz ist zwar für die Zutrittskontrolle, Zugangskontrolle, Zugriffskontrolle, Weitergabekontrolle und Eingabekontrolle eine **Protokollierung** personenbezogener Daten vorgeschrieben, doch unterliegt diese einer strengen Zweckbindung, dem Grundsatz der Datensparsamkeit und der Löschungspflicht nach Ablauf der Aufbewahrungsdauer.

Anomalien lassen sich nur anhand protokollierter Werte feststellen und sind teilweise nicht so zielgenau feststellbar, wie dies beispielsweise bei der Missbrauchsanalyse hinsichtlich der Verletzung von Datenschutzbestimmungen der Fall ist. Hier werden aus Sicht der IT-Sicherheit unter Umständen längere Zeitreihenanalysen benötigt, die zwar größtenteils anonymisiert erfolgen können, doch vielleicht gerade durch die Verknüpfung mit den entsprechenden Verbindungsdaten (insbesondere der IP-Adressen) eine höhere Aussagekraft entfalten würden. Für die Festlegung der Abwehrstrategien reichen jedoch die anonymisiert ermittelten Erkenntnisse zweifellos aus.

Eine umfassende und längerfristig vorzuhaltende Protokollierung kostet zudem Geld, das für andere Sicherheitsmaßnahmen dann nicht mehr zur Verfügung steht. Dies erfordert ein präzises Protokollierungskonzept, das insbesondere die erforderlichen Beweiszwecke abdecken muss. Insofern ist die **Vorratsdatenhaltung** der Kommunikationsdaten für die Unternehmen ein ernstzunehmender Kostenfaktor, dessen Sinnhaftigkeit in der aktuellen <kes>-Sicherheitsstudie bezweifelt wird, da nur 49 % die gesetzlichen Bestimmungen zur TK-/Internet-Überwachung für angemessen beurteilen und immerhin 38 % diese für überzogen halten. Diese Vorratshaltung wird nicht durch betriebliche Sicherheitsinteressen motiviert, sondern durch staatliche.

Im Zuge der Datensicherung ist ein wesentliches Konzept aus der Sicht der IT-Sicherheit die **Redundanz** von Technik und Daten. Daten sollten also vorzugsweise gespiegelt vorliegen, um eine hinreichende Ausfallsicherheit gewährleisten zu können. Die Verfügbarkeit personenbezogener Daten (und damit auch der entsprechenden IT-Systeme, mit denen diese erhoben, verarbeitet oder genutzt werden) ist zwar auch ein Grundsatz im aktuellen Datenschutzrecht, doch kollidiert dieser teilweise mit dem Grundsatz der Datensparsamkeit.

Sofern es also Gegensätze zwischen Datenschutz und IT-Sicherheit gibt, lassen diese sich leicht unter dem Blickwinkel **mehrseitiger IT-Sicherheit** auflösen.

4.2   Datenschutzfreundliche Techniken

Für die Umsetzung einer verlässlichen und beherrschbaren Informationstechnik – wie bereits im zweiten Kapitel gefordert – existieren bereits einige Techniken, die sowohl den Ansprüchen mehrseitiger IT-Sicherheit als auch denen des Datenschutzes genügen.

4.2.1   Prinzipien datenschutzfreundlicher Techniken

Datenschutzfreundliche Techniken (privacy enhancing technologies) verfolgen das **Ziel**, weniger Risiken für die Privatsphäre der Betroffenen zu erreichen, indem eingesetzte Informations- und Kommunikationstechnik bei gleichzeitiger Reduzierung erforderlichen Personenbezugs genutzt werden. Durch frühzeitige Datenvermeidung setzen diese Techniken bereits im Vorfeld der Erhebung, Verarbeitung und Nutzung personenbezogener Daten an.

Datenschutzfreundliche Techniken können damit der **vorausschauenden Technikgestaltung** zugeordnet werden, und wirken sich auf den Stand der Technik aus, weshalb diese auch plakativ als "Datenschutz durch Technik" bezeichnet werden. Im Zuge datenschutzfreundlicher Techniken werden Konzepte des Systemdatenschutzes umgesetzt, der auf eine strukturelle und systemanalytische Ergänzung des individuellen Rechtsschutzes der Betroffenen aufsetzt.

Das **Prinzip der Datensparsamkeit und des Systemdatenschutzes** beinhaltet, dass sich Techniken um so leichter anwenden lassen, je weniger personenbezogene Daten von Betroffenen herausgegeben werden (müssen). Nur erforderliche Daten dürfen erhoben, verarbeitet und genutzt werden. Personenbezogene Daten sind frühzeitig zu anonymisieren oder wenigstens zu pseudonymisieren und frühestmöglich zu löschen. Die Kommunikation hat vorzugsweise verschlüsselt zu erfolgen. Typische Beispiele zur Umsetzung stellen prepaid-Chipkarten, ein Mix-Netz oder die Verwendung von Transaktionspseudonymen bei eCash-Anwendungen dar.

Das **Prinzip des Selbstdatenschutzes und der Transparenz** dagegen erfordert und unterstützt die Selbstbestimmung und -steuerung des Nutzers. Der Nutzer entscheidet selbst, wie anonym er Dienste in Anspruch nehmen will und jeder Verarbeitungsschritt wird verständlich und überprüfbar offengelegt, so dass dem Nutzer ein Identitätsmanagement ermöglicht wird. Hierzu formuliert der Nutzer eigene Schutzziele und nutzt vertrauenswürdige Institutionen (Trust Center). Ein typisches Beispiel zur Umsetzung dieses Prinzips stellt die Platform for Privacy Preferences auf www.w3org/P3P/ dar.

Bei einem **Mix-Netz** wird sichergestellt, dass die Existenz von Kommunikationsbeziehungen zwischen verschiedenen Instanzen nicht durch Unbefugte im Zuge einer Verkehrsflussanalyse nachvollzogen werden kann. Beim Mix-Netz wird über eine vertrauenswürdige Instanz kommuniziert, die als Proxy fungiert, dabei aber die eingehenden und ausgehenden Ursprungsadressen umkodiert, so dass nicht durch Unbefugte nachvollzogen werden kann, welche eingehende Nachricht zu welcher ausgehenden Nachricht zuzuordnen ist. Dies setzt damit asymmetrisch verschlüsselte Übertragungsdaten und eine Ansammlung mehrerer Nachrichten von verschiedenen Nutzern bzw. die Erstellung künstlich erzeugter Nachrichten bei einer Remailer-Station eines Mix-Netzes voraus, bevor die umkodierten Nachrichten weitergeleitet werden. Ein Mix-Netz arbeitet deshalb mit Zeitverzögerung.

Ein **DC-Netz** (Dining Cryptographers Network nach David Chaum) ist dagegen ein synchronisiertes Verfahren, das durch die Verwendung paarweiser, symmetrischer Verschlüsselung mittels Vernam-Chiffre die Anonymität des Senders gewährleistet.

4.3   Zusammenfassung

In der Praxis finden sich oftmals Ansätze, Datenschutz und IT-Sicherheit als grundverschieden zu betrachten, da für den erstgenannten Aspekt gesetzliche Bestimmungen existieren und der zweite Aspekt scheinbar nur durch betriebliches Eigeninteresse motiviert zu sein scheint. Ein detaillierter Abgleich ergibt jedoch mehr Gemeinsamkeiten.

4.3.1   Zusammenfassung: Abgleich von Datenschutz und IT-Sicherheit

Angemessene technische und organisatorische Maßnahmen werden zur Einhaltung der Compliance in mehreren Gesetzen gefordert und sind daher durch ein Unternehmen zu ergreifen. Ziel der meisten Maßnahmen ist die Datensicherung, so dass Datenverarbeitungssysteme, Daten und Datenträger vor höherer Gewalt, Fehler und Missbrauch gesichert werden. Der Schwerpunkt liegt daher auf der Gewährleistung von Safety:

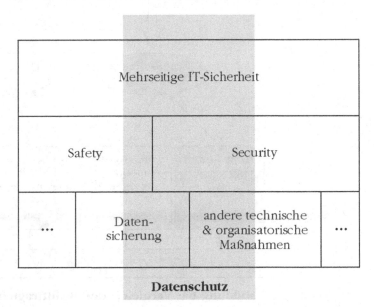

Abbildung 63: Mehrseitige IT-Sicherheit und Datenschutz

Die im BDSG formulierten Kontrollbereiche sind für die Einhaltung der Ziele mehrseitiger IT-Sicherheit geeignet, auch wenn die Sichtweise zentraler Rechenzentren bzw. Serverräume zunehmend flexibleren Infrastrukturen begegnet. In einigen Landesdatenschutzgesetzen werden daher bereits ausdrücklich die Sicherheitsziele mehrseitiger IT-Sicherheit vorgeschrieben.

Die Funktion des Datenschutzbeauftragten wie auch des IT-Sicherheitsbeauftragten erfordert letztlich ein vergleichbares Profil. In Abhängigkeit des Schutzgrades der zu schützenden Daten und IT-Systemen sind an beide vergleichbare Anforderungen an Fachkunde und Zuverlässigkeit zu stellen. Der IT-Sicherheitsbeauftragte muss jedoch zusätzlich alle relevanten Sicherheitsstandards beherrschen und über ein fundiertes Basiswissen verfügen, um eine Sicherheitsarchitektur geeignet aufbauen zu können. Allerdings verfügt er nicht über die entsprechenden Schutzrechte wie ein Datenschutzbeauftragter.

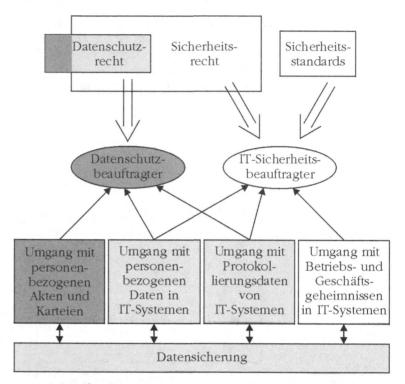

Abbildung 64: Vergleich der Beauftragten für Datenschutz und IT-Sicherheit

Die größten Unterschiede zwischen Datenschutz und IT-Sicherheit finden sich in der zugrunde liegenden Sichtweise, denn während der Datenschutz personenbezogene Daten im Interesse der Betroffenen schützt, sichert IT-Sicherheit alle Unternehmensdaten aufgrund der Interessen der Systembetreiber ab. In der Praxis überschneiden sich diese Ansätze oft, so dass lediglich hinsichtlich des zu wählenden Protokollierungskonzepts ein Klärungsbedarf besteht. Doch auch diese Gegensätze lassen sich unter der übergeordneten Sicht mehrseitiger IT-Sicherheit auflösen.

4.3.2   Zusammenfassung: Datenschutzfreundliche Techniken

Mehrseitige IT-Sicherheit und Datenschutz konvergieren beim Einsatz datenschutzfreundlicher Techniken. Diese verfolgen das Ziel der Risikoreduzierung durch frühzeitige Entfernung des Personenbezugs bei der Nutzung von Informations- und Kommunikationstechniken.

Datenschutzfreundliche Techniken werden einerseits durch das Prinzip der Datensparsamkeit und des Systemdatenschutzes geprägt, um frühzeit auf etwaigen Personenbezug verzichten zu können. Andererseits zeichnen sich datenschutzfreundliche Techniken durch das Prinzip des Selbstdatenschutzes und der Transparenz aus, die die Selbstbestimmung des Nutzers im Sinne eines Identitätsmanagements fördern.

5 IT-Sicherheit in ausgewählten Bereichen

Über die Konzeption von IT-Sicherheit existieren aufgrund der Vielzahl zu lösender Probleme umfangreiche Vorstellungen in Literatur und Praxis. Diese sind jedoch meist zu produktspezifisch ausgelegt oder zu oberflächlich skizziert.

Aufsetzend auf den Randbedingungen der Compliance, der Bedeutung mehrseitiger IT-Sicherheit, der Organisation eines wirkungsvollen Risikomanagements und im Bewusstsein der gegenseitigen Abhängigkeit zwischen IT-Sicherheit und Datenschutz werden im Folgenden Prinzipien zur Konzeption von IT-Sicherheit dargestellt. Dabei wird die Architektur von IT-Systemen und deren laufender Betrieb miteinander verzahnt und für grundsätzliche Fragen aus Netzwerksicherheit und Systemsicherheit Handlungsanweisungen abgeleitet.

5.1 Konstruktion sicherer IT-Systeme

Da sich die Informationtechnik schnell verändert, ist eine Darstellung konkreter Maßnahmen zur Gewährleistung mehrseitiger IT-Sicherheit mit einem kurzen Verfallsdatum versehen. Deshalb werden an dieser Stelle allgemeine Konstruktionsprinzipien benannt, die sich in der Praxis bewährt haben.

5.1.1 Allgemeine Konstruktionsregeln

Für die Konstruktion sicherer IT-Systeme haben Jerome H. Saltzer und Michael D. Schroeder allgemeine Prinzipien (design principles) vorgestellt, die IT-Systeme gegenüber Verletzungen der Security nicht nur weniger anfällig, sondern auch bedienbar machen sollen. Dazu zählen:

- **das Prinzip einfacher Sicherheitsmechanismen** (principle of economy of mechanism): Das IT-System und die ergriffenen Sicherheitsmechanismen sollen zwar wirksam, doch in ihrer Konstruktion so einfach wie möglich sein, um nicht durch Komplexität neue Lücken und Fehlerquellen zu erhalten;

- **das Erlaubnisprinzip** (principle of fail-safe defaults): Ein Zugriff auf (neu) angelegte Objekte muss ausdrücklich durch ein Subjekt (Person oder Prozess) erlaubt werden, damit er gewährt wird (Verbot nicht ausdrücklich erlaubter Nutzung – die Zugriffserlaubnis wird damit zum "Sonderfall");

- **das Prinzip vollständiger Rechteprüfung** (principle of complete mediation): Bei allen Aktionen (inkl. der Sonderfälle wie Initialisierung, Bereitstellung, Wiederherstellung oder Abbruch) hat eine Rechteprüfung zu erfolgen (Restriktion für das Caching von Daten);

- **das Prinzip des offenen Entwurfs** (principle of open design): Die Wirkung einer Maßnahme darf nicht von der Geheimhaltung des verwendeten Mechanismusses abhängen, sondern nur von der Geheimhaltung eines Schlüssels oder Passworts (Anwendung von Kerckhoffs' Prinzip zur Verhinderung von "security through obscurity");

- **das Prinzip der differenzierten Rechtevergabe** (principle of separation of privilege): Es dürfen keine Rechte nur aufgrund des Zutreffens einer einzigen Bedingung vergeben werden (Umsetzung des Vier-Augen-Prinzips üblicherweise mittels einer rollenbasierten Rechtevergabe);

- **das Prinzip minimaler Rechte** (principle of least privilege): Es sollen nur solche Rechte vergeben werden, die zur konkreten Aufgabenstellung unbedingt benötigt werden (entspricht dem need-to-know-Prinzip);

- **das Prinzip durchgreifender Zugriffskontrollen** (principle of least common mechanism): Zugriffskontrollmechanismen sollen nicht verteilt bzw. indirekt erfolgen, da jeder Zwischenknoten andernfalls auf die Fehlerfreiheit seiner Vorgänger vertrauen muss und zugleich selbst einen potentiellen Angriffspunkt darstellt (Vermeidung verdeckter Kanäle);

- **das Prinzip der Benutzerakzeptanz** (principle of psychological acceptability): Sicherheitsmechanismen sollten einfach anwendbar sein, damit die Benutzer diese auch akzeptieren und ausführen.

Diese allgemeinen Prinzipien finden sich inzwischen in einer Vielzahl an Sicherheitskonzepten und Standards wieder. Vor allem baut das **Usability Engineering** auf der Erkenntnis auf, dass gewählte Konstruktionsprinzipien von den Benutzern auch akzeptierbar und bedienbar sein müssen. Andernfalls werden entsprechende Sicherheitsmechanismen nicht im Alltag umgesetzt.

5.1.2   Prinzipien für Sicherheitsprozesse

Da IT-Systeme immer Verwundbarkeiten aufweisen werden und stets damit zu rechnen ist, dass entsprechende Angriffe auf diese ausgeführt werden, hat Bruce Schneier folgende Prinzipien für Sicherheitsprozesse formuliert:

- **Risiko durch Aufteilung verringern**: nur benötigte Privilegien vergeben (entspricht dem Prinzip minimaler Rechte);

- **das schwächste Glied sichern**: Abwehrmaßnahmen an den größten Verwundbarkeiten ausrichten, wozu sinnvollerweise Angriffsbäume betrachtet werden;

- **Choke-Points verwenden**: Benutzer (und Angreifer) durch engen Kanal (z.B. eine zentrale Firewall beim Weg ins Internet) zwingen, der gut kontrolliert wird und nicht umgangen werden kann;

- **gestaffelte Abwehr**: hintereinander geschaltete Sicherheitsbarrieren aufbauen, die vom Angreifer nacheinander überwunden werden müssen, um ans Ziel zu gelangen;

- **Folgeschäden begrenzen**: Bei Systemausfällen muss auf einen sicheren Normalzustand zurück gekehrt werden zu können;

- **Überraschungseffekt nutzen**: innere Einstellungen der IT-Systeme nicht unnötig preis geben (z.B. durch Proxy-Firewalls, die keine Informationen über das dahinter liegende LAN mitteilen);

- **Einfachheit**: lieber wenige, dafür effektive Schutzmechanismen ergreifen (entspricht dem Prinzip einfacher Sicherheitsmechanismen);

- **Einbeziehung der Benutzer**: Insider so weit und oft wie möglich beteiligen und solche Sicherheitsmechanismen einsetzen, die von den Benutzern auch verstanden und angenommen werden (entspricht dem Prinzip der Benutzerakzeptanz);

- **Gewährleistung**: Verhalten eines erworbenen IT-Systems gemäß der Zusicherung des Herstellers einfordern und prüfen;

- **Alles in Frage stellen**: Sicherheit bedarf des ständigen Hinterfragens, deshalb sollte man nicht einmal sich selbst vertrauen.

Hierbei liegt der Schwerpunkt auf der die Ausgestaltung der Sicherheitsprozesse und nicht auf den konkreten IT-Systemen. Werden die Maßnahmen aufgrund der Erkenntnisse aus dem Risikomanagement unter dem Fokus dieser Prinzipien realisiert, kann mehrseitige IT-Sicherheit effektiv erreicht werden.

5.2 Konzeption mehrseitiger IT-Sicherheit

Die Konstruktionsprinzipien sicherer IT-Systeme haben direkte Auswirkungen auf die Architektur von IT-Systemen und deren laufender Betrieb. Für die Umsetzung braucht es innerbetriebliche Verantwortlichkeiten, die sich an der konkreten Aufgabenverteilung festmachen lassen. Hauptverantwortlich ist stets die Geschäftsführung, die ihrer Sorgfaltspflicht nachzukommen hat, die sich jedoch zur Umsetzung verschiedener Akteure bedient.

5.2.1 Architektur von IT-Systemen

Bei der Architektur von IT-Systemen ist die Realisierung grundsätzlicher Sicherheitsmaßnahmen ausschlaggebend. Die **Auswahl geeigneter Konstruktionsprinzipien** hängt dabei von der festgelegten Sicherheitsstrategie ab.

Die <kes>-Sicherheitsstudien ergeben hinsichtlich der **Strategien und Konzepten zur IT-Sicherheit** folgendes Bild:

Sicherheitskonzeption	1998	2000	2002	2004	2006
schriftl. IT-Sicherheits-Strategie	41%	42%	56%	60%	64%
verifiz. & valid. Notfallkonzept	-----	21%	26%	16%	25%
verschriftlichte Maßnahmen	-----	55%	70%	65%	57%
Eignung Konzepte überprüfen	45%	64%	84%	66%	66%
Eignung Maßnahmen überpr.	24%	31%	76%	69%	82%
Überprüfung ergab Schwachst.	67%	74%	90%	75%	69%

Abbildung 65: Strategien und Konzepte zur IT-Sicherheit

In zunehmendem Maße werden also die **Sicherheitsstrategien** in den Unternehmen verschriftlicht. Die Anzahl der verifizierten und validierten Notfall- und Wiederanlaufkonzepte ist weiterhin überschaubar und offenbart damit einen Nachholbedarf. Eine

Überprüfung von Konzeptionen und Maßnahmen deckte zu erheblichen Teilen weitere Schwachstellen auf, so dass auch die Überprüfung ganz im Sinne des PDCA-Vorgehensmodells (siehe Abschnitt 1.4.6 Informationssicherheitsmanagement (ISO/IEC 27000ff)) zur Sicherheitsstrategie zu zählen ist.

Der Schwerpunkt bei der Festlegung der Sicherheitsstrategie liegt bei der Gewährleistung von **Safety** (siehe auch Abbildung 25: Zusammenspiel informationstechnischer Bedrohungen und Abschnitt 2.1.3 Die Unterscheidung von Safety und Security).

Deshalb ist das zentrale Dokument, das in diesem Kontext auszuformulieren und regelmäßig zu aktualisieren ist, das **Notfall-Vorsorge-Konzept**. Auf der Grundlage einer Inventarisierung eingesetzter IT-Systeme und der Darstellung ihrer Vernetzung mittels eines Netzwerkplans sind die eingesetzten IT-Systeme hinsichtlich ihrer Bedeutung für das Unternehmen im Sinne einer Prioritätenliste zu bewerten (zumindest hinsichtlich der Verfügbarkeit). Im Zuge des Kapazitätsmanagement müssen deshalb präzise Erhebungen über erforderliche Kapazitäten vorliegen.

Beim gewählten Sicherheitskonzept spielen in erster Linie **Redundanzen** von Technik und Daten eine zentrale Rolle. Für den Katastrophenfall ist ein Wiederanlaufplan zu integrieren und entsprechende Verantwortlichkeiten sind verbindlich festzulegen.

Gemäß den <kes>-Sicherheitsstudien werden folgende **spezielle Anforderungen** im EDV-Notfall- und -Wiederanlaufkonzept bisher berücksichtigt:

Bestandteil eines Notfallkonzeptes	2004	2006
Hardware-Ausfall & -Wiederbeschaffung	84%	79%
physische Einwirkungen (Brand, Katastr., Terror)	72%	77%
Software-Sicherheitsvorfälle (Schwachstellen)	55%	58%
Viren/Würmer/Exploit-"Epidemien"	68%	57%
Zusammenbruch externer Infrastrukturen	36%	44%
Hochverfügbarkeit des E-Business	35%	43%
gezieltes Eindringen durch Hacker, Spione etc.	33%	37%
Denial-of-Service-Attacken	32%	36%

Abbildung 66: Inhalte bestehender Notfallkonzepte

Für **längere Ausfälle** wird entsprechend der Angaben aus den <kes>-Sicherheitsstudien Folgendes für Mainframes bzw. Server bereit gestellt:

Wiederanlauf-Maßnahmen	1998	2000	2002	2004	2006
Cluster (mit Überkapazitäten)	9%	14%	46%	38%	36%
laufende Systeme	16%	17%	40%	34%	31%
Räume mit wichtiger Hardware	20%	19%	43%	28%	37%
leere Räume	12%	15%	36%	29%	25%
Räume f. Pers. mit Infrastrukt.	-----	9%	25%	17%	18%
Räume f. Pers. oh. Infrastrukt.	-----	7%	13%	9%	9%
konfigurationsidentische Netze	13%	11%	25%	19%	22%
Nutzungsvertrag v. Ressourcen	17%	15%	30%	25%	20%
Nutzungsvertrag v. Containern	5%	6%	7%	8%	12%
Vertrag schnelle HW-Ersatzlief.	25%	31%	44%	41%	37%
Abschluss von Versicherungen	31%	41%	61%	44%	41%

Abbildung 67: Bereitstellungen für längere Ausfälle

Ein möglichst rasches **Wiederanlaufen produktiver Tätigkeiten** ist das Ziel des Notfall-Vorsorge-Konzepts. Durch Überkapazitäten in Clustern, so dass ein angeschlossener Server für einen ausfallenden direkt einspringen kann (technische Redundanz) oder durch die Bereitstellung laufender Systeme ("heiße Lösung") kann dieses mit geringem Zeitverlust geschehen. Schnelle Ersatzlieferungen ausgefallener Hardware (sofern mit entsprechend kurzen Problemlösungszeiten in den SLAs vereinbart) und die Bereitstellung von Räumen, in denen wichtige Hardware bereits installiert ist ("warme Lösung") reduzieren etwaige Ausfallzeiten erheblich. Bei anderen Verträgen mit Dritten zur Nutzung von Ausweich-Rechenzentren (Ressourcen) oder zur Aufstellung von Containern hängt es von der Gestaltung der SLAs ab, wie gut ein Ausfall kompensiert werden kann.

Das Notfall-Vorsorge-Konzept ist üblicherweise jedoch nur ein Teil eines umfassenden **Sicherheitshandbuchs**, das zudem in Umsetzung der allgemeinen Konstruktionsregeln (siehe Abschnitt 5.1.1 Allgemeine Konstruktionsregeln) folgende Aspekte regeln bzw. vorschreiben sollte:

- die Ausweisung von **Sicherheitszonen** in Abhängigkeit der Kritikalität der IT-Systeme und Sensibilität der Daten – deshalb ist ein Rechenzentrum als closed shop zu betreiben, das eindeutiger Zutrittsbeschränkungen bedarf;

- Teil des Perimeterschutzes ist auch eine netzwerktechnische Realisierung der Schutzzonen, indem das LAN und jede wietere Unterteilung in unterschiedlich sensible Netzwerke durch ein entsprechendes **Firewall**-Konzept bis hin zur Einrichtung einer demilitarisierten Zone (DMZ) abgeschottet wird;

- die Priorisierung und Darstellung der Bedeutung von Anforderungen unter Gegenüberstellung von Kapazitäten sowie der Umgang mit Ausfällen zentraler IT-Systeme und Daten, wobei **Single-Points-of-Failure** unbedingt zu vermeiden sind;

- die eingesetzten IT-Systeme bedürfen der **Härtung**, so dass keine sicherheitskritischen oder überflüssigen Dienste betrieben werden;

- die Vergabe der **Zugriffsrechte** hat differenziert, vollständig und nach dem need-to-know-Prinzip zu erfolgen, wobei verdeckte Kanäle zu vermeiden sind;

- der elektronische **Datentransport** hat (unter der Anwendung des Kerckhoffs' Prinzips) verschlüsselt und vorzugsweise unter Einsatz von Virtual Network Computing (VNC) zu erfolgen, so dass ein Abhören von Leitungen erschwert wird.

Bei der Konstruktion des entsprechenden Sicherheitskonzepts ist zu berücksichtigen, dass **Benutzer** die aufgestellten Regelungen auch verstehen, akzeptieren und umsetzen können und die gewählten Sicherheitsmechanismen keine neuen Lücken und Fehlerquellen provozieren.

Je eher ein Unternehmen **sicherheitskritische Daten** verarbeitet, desto eher ist ein ausformuliertes Sicherheitskonzept nötig. Ein vorliegendes Datenschutzkonzept ist darin sinnvollerweise zu integrieren.

Ein zentraler Aspekt bei der Gewährleistung der Safety stellt die **physische Sicherheit** dar. Diese wird bei Servern bzw. der Zentrale dagegen gemäß den <kes>-Sicherheitsstudien unter anderem wie folgt realisiert:

ergriffene Maßnahmen	1998	2000	2002	2004	2006
Unterbrechungsfr. Stromvers.	76%	79%	97%	91%	90%
Klimatisierung	74%	74%	94%	83%	85%
Brandmeldesysteme	71%	71%	83%	83%	81%
Datensicherungsschränke	75%	78%	80%	85%	80%
Sicherheitstüren	62%	65%	76%	76%	68%
Einbruchmeldesysteme	52%	51%	70%	72%	67%
Löschanlagen	47%	48%	50%	57%	54%
Glasflächendurchbruchschutz	48%	43%	56%	55%	52%
Bewachung	40%	44%	46%	49%	47%
Video-Überwachung	23%	25%	28%	39%	38%
Schutz gg. komprom. Abstrahl.	11%	10%	13%	13%	13%

Abbildung 68: Maßnahmen zur physischen Sicherheit

Die Ausformulierung eines umfassenden Sicherheitskonzepts (meist in der Form eines Sicherheitshandbuchs) ist eine notwendige Voraussetzung für höherwertige Evaluierungsstufen bei **Zertifizierungen** (siehe auch Unterkapitel 1.4   Standards zur IT-Sicherheit). Wenn es möglich ist und sinnvoll erscheint, kann dieses in ein formales Sicherheitsmodell integriert werden. Allerdings ist dies mit einem hohen Aufwand verbunden.

Für die Entwicklung eines passenden Sicherheitskonzepts sind meist **langjährige Erfahrungswerte** nötig, die oft nicht in den Unternehmen vorliegen. Deshalb werden gerade grundlegende Tätigkeiten gemäß den <kes>-Sicherheitsstudien von externen Beratern übernommen:

	1998	2000	2002	2004	2006
Nutzung externer Beratung	**44%**	**50%**	**59%**	**59%**	**55%**
Risikoanalyse & Konzeptentw.	46%	54%	75%	55%	68%
Schwachstellenanalysen	45%	38%	66%	44%	57%
Penetrationstests	-----	-----	55%	48%	46%
Strategie- & Managementber.	28%	34%	42%	35%	41%
Produktberatung	-----	-----	-----	-----	41%
Prozess-Entwicklung & Optim.	-----	-----	-----	-----	39%
Umsetzung von Konzepten	34%	32%	32%	28%	36%
Kontrolle vorhand. Konzepte	21%	25%	31%	31%	35%

Abbildung 69: Nutzung externer Sicherheitsberatung

5.2.2 IT-Sicherheit im laufenden Betrieb

Beim laufenden Betrieb der Informationstechnik liegt der Schwerpunkt etwaiger Sicherheitsmaßnahmen bei der Abwehr von Angriffen auf die **Security**. Die grundsätzlichen Aussagen zur Sicherheitsstrategie werden hier mit konkreten Maßnahmen unterlegt, die letztlich in einer Sicherheitsleitlinie (security policy) gebündelt werden.

Nach der ISO/IEC 17799 soll eine **information security policy** verständlich formuliert werden und wenigstens folgende Aspekte beinhalten:

- Definition, Ziele, Umfang und Bedeutung der Informationssicherheit;

- Verknüpfung des Informationssicherheitsmanagements mit der gesamten Unternehmensstrategie und die Aussage des Managements, bei der Verwirklichung der Informationssicherheit unterstützend tätig zu sein;

- Formulierung eines Rahmenwerks von Sicherheitsmaßnahmen, das mit dem Risikomanagement fest verbunden ist;

- zusammenfassende Erläuterungen zur Compliance, zu Schulungsmaßnahmen, zur Gewährleistung der Geschäftskontinuität und zu den Folgen von Verstößen gegen Vorgaben der Sicherheitsleitlinie – unter Einbeziehung von security policies, Richtlinien, Standards und Anforderungen der Compliance;

- Festlegung der Verantwortlichkeiten, auch für die Mitteilung von Sicherheitsvorfällen;

- Referenzen auf konkrete und detailliertere security policies, Richtlinien und Dienstanweisungen.

Eine angemessene IT-Sicherheit im laufenden Betrieb erfordert daher:

- Maßnahmen zur **Identifikation und Authentifizierung** der Nutzer bei Zugang und Zugriff;

- die Umsetzung eines **Virenschutz**-Konzepts, das insbesondere wirksam gegen Viren, Würmer und Trojanische Pferde vorgeht, und die Einrichtung eines Vulnerability-Managements, um Schwachstellen in eingesetzten Programmen und Komponenten frühzeitig in Erfahrung zu bringen, so dass geeignete Gegenmaßnahmen zeitnah getroffen werden können;

- die systematische und regelmäßige Überwachung der Technik und der Datenströmen durch Netzwerkmonitoring und Intrusion Detection Systeme, sowie die **Protokollierung** der Überwachungsergebnisse und die systematische und regelmäßige Auswertung der Logfiles;

- die Durchführung **regelmäßiger Kontrollen**, die u.U. (z.B. in Abhängigkeit der Vorgaben innerbetrieblicher Organisation) durch Externe durchzuführen sind (z.B. durch Penetrationstests)

- die Sensibilisierung und Schulung der Mitarbeiter im Rahmen von **Awareness**-Kampagnen, um damit wenigstens Fehler aus Unwissenheit oder Nachlässigkeit vermeiden zu können;

- die Vornahme von Änderungen am Produktivsystem erst, wenn dies an einem identisch konfigurierten **Testsystem** erfolgreich verlief;

- die vollständige **Dokumentation** von Änderungen an Systemeinstellungen und der Tätigkeiten der IT-Administration.

Bei durchgeführten **Überprüfungen** (meistens durch die Innenrevision oder durch Wirtschaftsprüfer) werden nach den <kes>-Sicherheitsstudien (auszugsweise) folgende Aspekte untersucht (die Auswahl erfolgte aufgrund der unvollständigen Angabe in den Veröffentlichungen danach, ob ein Aspekt in einer Studie über 50 % der Nennungen kam):

Sicherheitsüberprüfung	1998	2000	2002	2004	2006
Virenschutz	46%	50%	38%	56%	76%
Berechtigungskonzept	-----	-----	-----	59%	71%
Netzwerkstrategie / Firewalls	-----	-----	-----	51%	64%
physische Sicherheit	-----	-----	-----	43%	64%
Notfallkonzept	-----	-----	-----	52%	62%
Datenklass. & Zugriffsrechte	-----	-----	57%	49%	55%
Ablauforganisation	47%	43%	56%	47%	52%
angem. Software-Einsatz	42%	38%	53%	41%	50%

Abbildung 70: Häufigste Prüfaspekte bei der Revision

Gerade das **Sicherheitsbewusstsein** ist ein Dreh- und Angelpunkt bei der Gewährleistung von IT-Sicherheit (siehe Abschnitt 1.5.2 Innerbetriebliche Organisation). Daher ist es um so bemerkenswerter, dass eine regelmäßige Schulung entsprechend der Angaben aus den <kes>-Sicherheitsstudien nur in folgendem Umfang erfolgt:

regelmäßige Schulung	1998	2000	2002	2004	2006
IT-Sicherheitsbeauftragte	20%	17%	50%	71%	59%
Datenschutzbeauftragte	27%	30%	42%	65%	55%
IT-Mitarbeiter	23%	31%	34%	45%	40%
Revisoren bzw. Prüfer	15%	18%	20%	43%	32%
Benutzer	13%	20%	13%	23%	24%
Management	6%	11%	12%	19%	16%

Abbildung 71: Regelmäßige Schulung zur IT-Sicherheit

Spezialisten, die Kontrollen durchführen, müssen zwar entsprechend geschult sein, doch die **Hauptnutzer** (Benutzer und Management) erhalten demnach nur gelegentlich eine entsprechende Schulung – üblicherweise z.B. bei Neueinführung eines IT-Systems oder bei Vorliegen eines gravierenden Sicherheitsvorfalls. Da Schulungen einem Unternehmen Geld kosten (mindestens in Form "unproduktiver" Zeiten), wird an dieser Stelle gerne gespart. Gerade im Bereich der IT-Sicherheit sind jedoch regelmäßige Auffrischungen schon alleine aufgrund der technischen Fortentwicklung nötig und lohnen sich letztlich auch.

5.2.3   Innerbetriebliche Aufgabenteilung

Damit erstellte Konzeptionen mehrseitiger IT-Sicherheit auch umgesetzt werden, benötigt es entsprechende Akteure und **Verantwortlichkeiten**. Letztlich ist aufgrund der geforderten Sorgfaltspflicht stets die Geschäftsführung dafür verantwortlich, dass die erforderlichen Maßnahmen zur IT-Sicherheit ergriffen werden. Zur Umsetzung werden daher verschiedene Posten im Unternehmen eingerichtet, die sich speziell um die betreffenden Aufgaben kümmern sollen.

Nach den <kes>-Sicherheitsstudien sind (auszugsweise) folgende Posten durch entsprechende **Akteure** besetzt, die zur Gewährleistung von IT-Sicherheit beitragen:

Besetzte Posten zur IT-Sicherheit	1996	2000	2004	2006
zentraler IT-Leiter	88%	86%	70%	83%
zentraler Datenschutzbeauftragter	75%	82%	60%	75%
zentraler IT-Sicherheitsbeauftragter	32%	30%	58%	46%
Revision für Informationsverarbeitung	39%	41%	35%	33%
Ausschuss für Informationssicherheit	16%	16%	13%	13%
IT-Sicherheitsteam (CERT/CSIRT)	-----	-----	19%	21%

Abbildung 72: Akteure zur Gewährleistung von IT-Sicherheit

Die **IT-Administration** und die ihr vorstehende Leitung trägt naturgemäß die Hauptlast der operativen Umsetzung von IT-Sicherheitsmaßnahmen, da die anderen Akteure eher kontrollierend tätig sind oder im Falle des IT-Sicherheitsteams bei akuten Sicherheitsvorfällen als "Feuerwehr" fungieren. Dabei ist unter einem IT-Sicherheitsteam ein Computer Emergency Response Team (CERT) bzw. ein Computer Security Incident Response Team (CSIRT) zu verstehen.

Die operative Tätigkeit der IT-Administration führt dazu, dass neben den **Interessen der Benutzer**, die sich mit ihren täglichen Wünschen und Bedarfsmeldungen an die IT-Abteilung wenden, den **Interessen der Systembetreiber**, da die IT-Administration entsprechende Vorgaben der Geschäftsleitung umzusetzen hat, auch die **Interessen der Systemersteller** einen Einfluss auf die Arbeit der IT-Abteilung haben, zumal teilweise entsprechende

Hard- und Softwarelösungen durch die IT-Abteilung selbst erstellt bzw. konfiguriert werden.

Die Aufgaben des **Datenschutzbeauftragten** sind gesetzlich definiert und umfassen:

- das Hinwirken auf die Einhaltung datenschutzrechtlicher Compliance,

- die Überwachung automatisierter Datenverarbeitung, mit denen personenbezogene Daten erhoben, verarbeitet oder genutzt werden,

- die Durchführung von Vorabkontrollen bei automatisierten Verarbeitungen von besonders schützenswerten Daten,

- die datenschutzrechtliche und datenschutztechnische Schulung von Personen, die personenbezogene Daten erheben, verarbeiten oder nutzen und

- die Funktion des Ansprechpartners für Betroffene (Beschwerde- und Auskunftsinstanz) und Aufsichtsbehörden.

Gerade angesichts der ersten drei aufgelisteten Aufgaben ist ersichtlich, dass der Datenschutzbeauftragte an der Konzeptionierung mehrseitiger IT-Sicherheit mitwirkt und dabei die **Interessen der Betroffenen** vertritt. Zur Verwirklichung hat er jedoch nur eine beratende Funktion, so dass Geschäftsleitung (inkl. Personalleitung und IT-Administration) für die Umsetzung verantwortlich bleiben.

Ein **IT-Sicherheitsbeauftragter** bzw. Chief Information Security Officer (CISO) hat dagegen überwiegend folgende Aufgaben:

- Erstellung des Sicherheitskonzepts (inkl. Notfall-Vorsorge-Konzept) und der information security policy,

- Entwurf der Sicherheitsarchitektur,

- Planung und Überwachung des Risikomanagements bei IT-Systemen und der Umsetzung von Sicherheitsmaßnahmen im laufenden Betrieb,

- Schulung und Sensibilisierung der Beschäftigten und des Managements hinsichtlich mehrseitiger IT-Sicherheit,

- Kooperation mit dem Datenschutzbeauftragten bei der Gewährleistung des Datenschutzes, mit dem Sicherheitsteam (CERT/CSIRT) bei der Behandlung von Sicherheitsvorfällen und natürlich mit der Geschäftsleitung, der regelmäßig Bericht zu erstatten ist.

Der IT-Sicherheitsbeauftragte vertritt also in erster Linie die **Interessen der Systembetreiber** bei der Gewährleistung mehrseitiger IT-Sicherheit. Meist verfügt er deshalb über eigene Entscheidungskompetenzen (im Gegensatz zum Datenschutzbeauftragten).

Ein **Ausschuss für Informationssicherheit** besteht meist nur dann, wenn es keinen ausdrücklichen IT-Sicherheitsbeauftragten gibt, um dessen Aufgaben entsprechend unter den anderen Akteuren verteilen zu können. Wahlweise ist dies das Koordinationsgremium zum Interessenausgleich der beteiligten Akteure. Eine eigene Rolle ergibt sich damit für diesen Ausschuss nur in abgeleiteter Weise.

Die **Innenrevision** ist dagegen als zentrales Glied eines internen Kontrollsystems anzusehen, das zur Umsetzung der Compliance gerade im internationalen Maßstab eingesetzt werden muss. Zugleich wacht sie über die Wirtschaftlichkeit der durchgeführten Tätigkeiten. Sie vertritt daher insbesondere die **Interessen der Systembetreiber**.

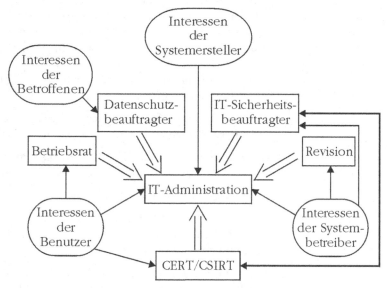

Abbildung 73: Innerbetriebliche Interaktion zur mehrseitigen IT-Sicherheit

5.3   Netzwerksicherheit

Unternehmen sind einer Vielzahl informationstechnischer Angriffe ausgesetzt, die über das Netzwerk erfolgen. Da sich sowohl die Angriffsarten als auch die zugrunde liegenden IT-Systeme rasch verändern, werden im Folgenden grundlegende konzeptionelle Aspekte behandelt, da diese meist unabhängig von aktuellen Entwicklungen oder IT-Produkten gültig bleiben.

Basis hierfür bildet das bekannte ISO/OSI-Referenzmodell, das zusammen mit den beteiligten Protokollen zu den Grundkenntnissen der Informatik gehört und an dieser Stelle vorausgesetzt werden kann. Die für das weitere Verständnis erforderlichen Kenntnisse werden daher nur überblicksartig dargestellt.

Zur Netzwerksicherheit werden ausschlaggebende Konzeptfragen und Abhängigkeiten untersucht. So werden aufgrund ihrer zentralen Bedeutung die Funktionsweise von Firewalls und typische Sicherheitsfallen benannt. In der Praxis resultieren jedoch etliche Probleme aus produktspezifischen Eigenheiten.

5.3.1   ISO/OSI-Referenzmodell (ISO/IEC 7498-1)

Für die Übermittlung elektronischer Nachrichten wurde 1984 von der ISO (in Zusammenarbeit mit der IEC) ein Basic Reference Model for Open Systems Interconnection als ISO/IEC 7498-1 verabschiedet und 1994 die aktuell gültige Fassung des internationalen Standards fertig gestellt (siehe auch Unterkapitel 1.4   Standards zur IT-Sicherheit). Darin wird die **Architektur offener Systeme** in sieben Schichten (layer) unterteilt, denen unterschiedliche Funktionen zugewiesen sind. Diese Schichten stellen logische Unterteilungen dar, die der Harmonisierung unterschiedlicher Kommunikationstechniken dienen sollen. Jeder Schicht werden entsprechende Protokolle zugeordnet, die die Kommunikation über diese Schicht hinweg regeln.

Die Nutzdaten der höchsten Schicht, auf der die Nutzer hauptsächlich tätig sind, werden bei der Kommunikation mit einem anderen IT-System entsprechend der Vorgaben aus den verwendeten Protokollen ggf. in kleinere Datenpakete unterteilt und mit passenden Kopfdaten (header) versehen. Anhand der Kopfdaten, zu denen insbesondere Adressierungsdaten gehören, erhalten die anderen beteiligten Schichten die nötigen **Steuerungsinformationen**, um auf dem Zielsystem die ursprünglichen Nutzdaten wiederherstellen zu können. Dabei werden die jeweiligen Nutzdatenbestandteile und Kopfdaten beim Transport "eingekapselt".

Eine Kommunikationsbeziehung zwischen zwei IT-Systemen, die über ein Vermittlungssystem stattfindet, stellt sich daher so dar:

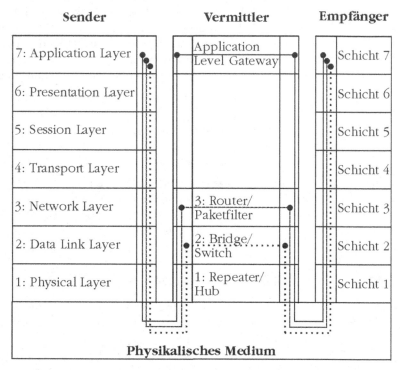

Abbildung 74: Kommunikation nach ISO/OSI-Referenzmodell

Die **Sicherheitsarchitektur** des ISO/OSI-Referenzmodells sieht in ISO 7498-2 seit 1989 (nach wie vor gültig) fünf Klassen von Sicherheitsdiensten vor:

- Authentifizierung (authentication),

- Zugriffskontrolle (access control),

- Gewährleistung der Vertraulichkeit (data confidentiality),

- Gewährleistung der Integrität (data integrity) und

- Nachweis der Verursachung (non-repudiation).

Die Sicherheitsdienste kommen bei verschiedenen Schichten zum Einsatz und werden durch entsprechende Sicherheitsmaßnahmen umgesetzt. Allerdings können diese nicht **Angriffe** abwehren, die ausdrücklich gewollte, der jeweiligen Funktionalität geschuldeten Schwachstellen der (via request for comments; RFC) standardisierten Netzwerkprotokolle ausnutzen.

Beispiele:

- Der Verbindungsaufbau bei TCP mittels Three-Way-Handshake, der zur Sicherstellung einer vollständigen Übertragung benötigt wird, wird durch DoS-Attacken gezielt ausgenutzt (SYN-Flooding).

- Das TTL-Feld (time to live) beim IP dient nicht nur der Verhinderung endloser "Rundreisen" von IP-Datagrammen, sondern auch der gezielten Analyse von Verbindungswegen (z.B., ob eine Firewall zwischengeschaltet ist).

- Die freie Wegewahl zwischen zwei kommunizierenden Stationen, die die Geschwindigkeit der Datenübertragung erhöhen soll, ist schließlich das Einfallstor für Man-in-the-Middle-Attacken.

Standards zum **Management der Netzwerksicherheit** formuliert die 2006 verabschiedete Norm ISO/IEC 18028-1 (information technology – security techniques – IT network security – part 1: network security management). Das zu erreichende Sicherheitsniveau hängt dabei von der Schutzwürdigkeit des Netzwerkes selbst und der Stellung der Zugriffsberechtigten ab. Für die unterschiedlichen Netzwerkarten (wie LAN, WAN oder WLAN) wurden die bestehenden Bedrohungen aufgelistet und entsprechende Gegenmaßnahmen benannt.

Die spezifische **Sicherheitsarchitektur** anhand eines Referenzmodells mit hohem Sicherheitsgrad wird in der ebenfalls 2006 verabschiedeten Norm ISO/IEC 18028-2 (information technology – security techniques – IT network security – part 2: network security architecture) beschrieben. Ausgangspunkt ist, welche Daten, Netzwerkaktivitäten und Netzwerkkomponenten wie schützenswert sind, welche Sicherheitsrisiken bestehen und wie diese abgewehrt werden können. Die zu ergreifenden Maßnahmen richten sich dabei aus an der Zugangs-/Zugriffskontrolle, Authentifizierung, Nichtabstreitbarkeit, Vertraulichkeit der Daten, Sicherheit des Kommunikationsflusses, Integrität der Daten, Verfügbarkeit und Gewährleistung des Datenschutzes.

5.3.2   Maßnahmen zur Netzwerksicherheit

Den vielfältigen Bedrohungen der Netzwerksicherheit ist also durch eine entsprechend vielfältige Abwehr zu begegnen. Eine gewählte **Sicherheitsmaßnahme** hat generell die Wirkung, bestehende Verwundbarkeiten, die aufgrund des generellen Schutzes im Rahmen der Architektur verbleiben, hinsichtlich bestehender Bedrohungen auf ein akzeptables Restrisiko zu reduzieren:

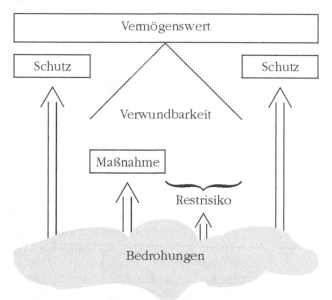

Abbildung 75: Wirkung von Sicherheitsmaßnahmen

Die <kes>-Sicherheitsstudien zeigen bei Servern bzw. der Zentrale folgende Sicherheitsmaßnahmen zur **Netzwerksicherheit**:

ergriffene Maßnahmen	1998	2000	2002	2004	2006
Virenschutzmaßnahmen	96%	92%	98%	97%	94%
Einsatz von Firewalls	-----	-----	98%	95%	89%
Protokollierung unbef. Zugriffe	-----	-----	87%	76%	76%
Content Inspection/Filtering	-----	-----	66%	52%	56%
Intrusion Detection Systems	-----	-----	43%	44%	47%
SPAM-Abwehr	-----	-----	-----	56%	79%

Abbildung 76: Maßnahmen zur Netzwerksicherheit

Bei den eingesetzten **Virenschutzmaßnahmen** ist jedoch entscheidend, ob die Virenscanner vorzugsweise automatisch und mindestens einmal täglich aktualisiert werden und wie gut die Erkennungsrate der eingesetzten Virenscanner ist. Deshalb werden zunehmend verschiedene Virenscanner gleichzeitig verwendet. Hier ist auch von Bedeutung, ob nur Signaturen oder auch die Wirkungsweisen von Viren geprüft werden. Hersteller von Virenschutzprogrammen können auf neuartige Viren nur mit zeitlicher Verzögerung reagieren. Von der Bereitstellung des Updates bis zu dessen Einspielung kommt es meist zu weiterem Zeitverlust. In der Zwischenzeit kann eine Malware fast ungehindert aktiv sein.

Die Protokollierung von Aktionen (und damit insbesondere von unbefugten Zugriffen) ist wertlos, wenn die entsprechenden **Logfiles** nicht regelmäßig und systematisch untersucht werden. Die <kes>-Sicherheitsstudien offenbaren dabei folgendes Bild zur Auswertung von Logfiles an der Schnittstelle zum Internet, wobei "mind. 2x pro Woche" und "seltener, aber regelmäßig" als regelmäßig (= "reg.") zusammengefasst und "anlassbezogen" (= "anl.") bzw. "keine Auswertung oder Protokollierung" (= "nie") getrennt ausgewiesen werden:

	2004			2006		
	reg.	**anl.**	**nie**	**reg.**	**anl.**	**nie**
Antivirus-Lösungen	60%	33%	7%	64%	31%	5%
Firewall(s)	58%	35%	7%	60%	31%	10%
Intrusion Detection Sys.	-----	-----	-----	46%	21%	34%
Betriebssysteme	35%	48%	17%	38%	49%	13%
Netzkomponenten	31%	43%	25%	38%	41%	22%
Web-Applikationen	33%	32%	35%	32%	39%	29%

Abbildung 77: Auswertungen von Logfiles

Der Anteil nicht kontrollierter Protokollierung bei **Intrusion Detection Systemen** ist entschieden zu hoch und ist allenfalls noch mit der noch mangelhaften Erfahrung mit diesem Instrument zu erklären. Ziel dieser Systeme ist gerade, ein (unbefugtes) Eindringen von außen zu registieren. Dabei ist entscheidend, wie gut die Firewallregeln ausgestaltet sind, damit die unbefugten Zugriffsversuche registriert werden. Somit kann gerade dann, wenn ein Intrusion Detection System eingesetzt und regelmäßig kontrolliert wird, die Wirksamkeit der eingesetzten Firewall optimiert werden.

5.3.3 **Firewalls**

Von den zahlreichen Konstruktionen zur Netzwerksicherheit wird an dieser Stelle exemplarisch die Gestaltung von **Firewalls** wegen ihrer zentralen Bedeutung in der Praxis herausgegriffen. Da es auch in diesem Bereich zahlreiche produktspezifische Eigenschaften gibt, die konkrete Folgen für die Gestaltung der jeweiligen Firewall haben, wird auf eine vergleichende Darstellung verzichtet. Stattdessen steht die generelle Funktionsweise im Vordergrund, da sich daraus typische Sicherheitsfallen rekonstruieren lassen.

Eine Firewall ist ein IT-System zur **Separation** eines Netzwerkes von anderen Netzwerken und dient der Kontrolle des elektronischen Datenverkehrs zwischen diesen Netzwerken mittels Filterregeln. Nur autorisierter Datenverkehr soll die Firewall passieren dürfen. Damit erfüllt eine Firewall die Funktion eines Choke-Points.

Für die Gestaltung von Firewalls haben Elizabeth D. Zwicky, Simon Cooper und D. Brent Chapman folgende **Sicherheitsstrategien** benannt:

- Least Privilege (Anwendung des need-to-know-Prinzips),

- Defense in Depth (Aufbau einer gestaffelten Abwehr),

- Choke Point (Aufbau eines zwingend zu durchlaufenden, engen Kanals, der überwacht und kontrolliert werden kann),

- Weakest Link (Absicherung des schwächsten Gliedes),

- Fail-Safe Stance (Anwendung des Erlaubnisprinzips, wobei ein sicherer Ausgangszustand bei Auftreten eines Mangels zu erreichen ist),

- Universal Participation (Beteiligung möglichst vieler Insider, um die Wirksamkeit von Regeln zu erhöhen),

- Diversity of Defense (Nutzung differenzierter Möglichkeiten durch Verwenden von Produkten verschiedener Hersteller oder durch Aufgabenteilung innerhalb der IT-Administration, so dass verschiedene Sichtweisen greifen),

- Simplicity (Anwendung des Prinzips der Einfachheit) und

- Security through Obscurity (in der modifizierten Form der Ausnutzung von Überraschungseffekten durch Verhinderung aktiver Mitteilungen über vorgenommene Einstellungen)

Diese Regeln haben allgemeine Gültigkeit bei der Konstruktion von Firewalls. Die **Grundregel** bei Firewalls entspricht sinnvollerweise dem Erlaubnisprinzip, d.h. von der Grundeinstellung her ist jeder Zugriff und jede Aktion (zunächst) verboten. Der zulässige Datenverkehr wird über explizit eingetragene Kommunikationsverbindungen (wie Ports und IP-Adressen) sowie der ausdrücklich eingestellten Durchlassrichtung bestimmt. Wenn etwas nicht auf diese Weise eingetragen ist, soll die betreffende Aktion bzw. der betreffende Datenverkehr abgeblockt werden.

Bei der **Abarbeitung von Regeln** ist zu beachten, dass diese stets sequentiell abgearbeitet werden, also in festgelegter Reihenfolge von vorne nach hinten. Deshalb sollte eine Spezialregel stets vor einer allgemeinen Regel stehen, damit sie überhaupt beachtet wird. Oft werden Erlaubnisregeln jedoch zu umfangreich ausgelegt (z.B. zu großer Bereich geöffneter Ports) oder es wird diese Konstruktionsregel verletzt, so dass der eigentliche Fehler leicht übersehen wird.

Die Vorstellung einer Brandschutzmauer ist zwar insofern richtig, dass sich Schadensfälle nicht hinter der Firewall weiter ausbreiten dürfen, doch ist eine Firewall eben auch als ein **Pförtner** zu verstehen, der anhand ihm vorliegender Erkennungsmerkmale entscheidet, ob jemand rein darf oder nicht. Dabei spielen meist Äußerlichkeiten eine wichtige Rolle. So ist es auch bei Firewalls, denn der Datenverkehr über einen zulässigen Port muss nicht zwangsläufig das sein, was er vorgibt zu sein.

Eine Firewall kann nämlich umgangen werden: einerseits gewollt durch entsprechende Verbindungen eines virtuellen privaten Netzwerks (VPN), andererseits unbefugt durch **Tunneling-Angriffe**, bei denen unzulässige Aktionen in gültigen, protokollkonformen Befehlen eingebettet werden. Nur durch eine Konfiguration der Firewall unter Anwendung des Prinzips minimaler Rechte und des Prinzips vollständiger Rechteprüfung sowie der Kenntnis etwaiger Schwachstellen und einer fundiert vorgenommenen Einstellung der Firewall-Regeln selbst kann ein Tunneling-Angriff abgewehrt werden. Dies erfordert i.d.R. fundierte Kenntnisse beim Administrator einer Firewall.

Im Einsatz sind folgende Firewallsysteme:

- **Paketfilter**, die Funktionalitäten auf der Netzwerk- bzw. Transportschicht des ISO/OSI-Referenzmodells nutzen,

- **Application Level Gateways**, die Funktionalitäten auf der Anwendungsschicht des ISO/OSI-Referenzmodells nutzen und meist als Stellvertreter (proxy) agieren,

- **Layer-2-Firewallsysteme**, die Funktionalitäten auf der Sicherungsschicht des ISO/OSI-Referenzmodells nutzen und

- **Hybrid-Firewallsysteme**, die unterschiedliche Funktionalitäten miteinander kombinieren.

Die Auswahl geeigneter Firewallsysteme und deren Architektur hängt zentral von dem gewählten **Sicherheitskonzept** ab. Ausschlaggebend ist dabei, wie schützenswert die Daten im vertrauenswürdigen Netzwerk sind. Gibt es unterschiedliche Sicherheitsanforderungen für Teilbereiche, erfordert dies nicht nur die Einrichtung physischer Sicherheitszonen, sondern eben auch von differenzierten Firewall-Konzepten, die das Prinzip der gestaffelten Abwehr umsetzen.

So kann z.B. zwischen Internet und LAN jeweils durch Firewalls getrennt eine demilitarisierte Zone (**DMZ**) als Pufferzone eingerichtet werden, in der die Server stehen, auf die die Clients (vor allem aus dem Internet!) unter vordefinierten Regeln zugreifen dürfen. Die Konfigurationen der äußeren Firewall unterscheiden sich dabei von denen der inneren, um einen zusätzlichen Perimeterschutz überhaupt erreichen zu können.

Die **Aufgabe einer DMZ** besteht darin, bei einer etwaigen erfolgreichen Kompromittierung der äußeren Firewall einen Angreifer weiterhin vom zu schützenden LAN fern halten zu können. Dies setzt jedoch voraus, dass die innere Struktur einem Angreifer verborgen bleibt, indem z.B. für die Rechner im LAN beim Übergang das Network Address Translation (NAT) protocol genutzt wird.

Generell ist jedoch zu beachten, dass eine Firewall keine befugten Beeinträchtigungen abblocken kann und damit innerhalb einer Sicherheitszone keine zusätzliche Sicherheit bietet. Eine Firewall richtet sich nur gegen **Angriffe** außerhalb der betreffenden Sicherheitszone. Ein Angreifer kann jedoch insbesondere eine falsche Identität (durch Angabe einer falschen IP-Adresse) vorgaukeln und somit als interne Stelle "erkannt" werden.

5.4   Systemsicherheit

Ergänzend zu den bereits in diesem Kapitel getätigten Aussagen zur Systemsicherheit wird im Folgenden auf zwei zentrale

Grundfunktionen eingegangen: die Authentifizierung und die Rechteverwaltung.

5.4.1 Verfahren zur Authentifizierung

Damit eine **Authentifizierung** nach der entsprechenden Identifikation des Nutzers (durch Angabe einer entsprechenden User-ID) erfolgreich ist, benötigt der Nutzer wahlweise entsprechendes Wissen (z.B. ein Passwort), einen Besitz (z.B. eine Chipkarte oder ein anderes Hardware-Token) oder die Erfüllung eines Merkmals (z.B. durch Unterschrift oder Biometrie). Je sicherheitskritischer ein Bereich oder ein IT-System ist, für das sich ein Nutzer ausweisen soll, um Zutritt oder Zugriff zu erlangen, desto eher ist eine Kombination aus diesen Mechanismen zu wählen.

Bei Servern bzw. der Zentrale erfolgt entsprechend den Angaben aus den <kes>-Sicherheitsstudien die **Authentifizierung** mittels:

Authentifizierung durch	1998	2000	2002	2004	2006
Passwort	86%	82%	98%	95%	93%
Hardware-Token	-----	16%	12%	15%	16%
Chipkarte	5%	6%	3%	11%	10%
biometrische Verfahren	0%	2%	1%	1%	3%

Abbildung 78: Genutzte Mechanismen zur Authentifizierung

Die Schwierigkeit bei der Authentifizierung liegt darin, eine hohe **Fälschungssicherheit** bei der Auswahl der Mechanismen zu erreichen. Insofern sagt die bloße Verwendung eines Mechanismus noch nichts über seine Güte aus. Diese ist aber entscheidend bei der Wirksamkeit der Authentifizierung.

Als häufigster Authentifizierungsmechanismus sind **Passwort**-Verfahren im Einsatz. Die Güte eines Passwortes hängt maßgeblich von der Anzahl der Stellen und der Komplexität der gewählten Zeichen (Großbuchstaben, Kleinbuchstaben, Ziffern, Sonderzeichen) ab.

Sofern das Passwort nicht durch eine Wörterbuchattacke, aufgrund bekannter Vorlieben des Nutzers (z.B. Geburtsdaten, Namen von Familienmitgliedern oder Haustieren) oder aufgrund einer leicht zu ermittelnden Kombination (wie z.B. "!QAYxsw2" anhand der Anordnung auf der Tastatur) kann ein Passwort i.d.R.

nur durch Ausprobieren (Brute-Force-Attacke) **geknackt** werden.

Für eine erfolgreiche **Brute-Force-Attacke** werden maximal

$$\text{Anzahl Durchläufe} = (\text{Anzahl möglicher Symbole})^{(\text{Anzahl Stellen})}$$

benötigt, d.h. jede zusätzliche Symbolfolge ("Komplexität") erhöht die Kombinationsvielfalt beträchtlich und jede weitere Stelle wirkt exponentiell.

Je nach eingesetzter **Rechenleistung** der zum Knacken eingesetzten Rechner (z.B., ob ein verteilter Angriff über mehrere Rechnern erfolgt) und in Abhängigkeit des Betriebssystems des zu knackenden IT-Systems (Unix verzögert diese Form des Angriffs etwa um den Faktor 16), lässt sich ein 5-stelliges Passwort innerhalb sehr kurzer Zeit knacken und ein 6-stelliges bereits mit vertretbarem Aufwand.

Passwörter werden sinnvollerweise als **Hash**-Wert (unter Einbeziehung eines Salt-Wertes!) abgelegt, damit diese nicht im Klartext übertragen und beim Einloggen lediglich Hash-Werte miteinander verglichen werden müssen. Gelangt ein Angreifer (z.B. über eine Buffer-Overflow-Attacke mittels SUID-Recht) an die Passwort-Datei, muss er lediglich den Hash-Wert knacken, was den Aufwand erheblich reduziert.

Ist beim Zielrechner der **LAN Manager** im Einsatz (eingesetzt bei Windows), wird das gewählte Passwort in zwei 7-Byte-lange Teilketten unterteilt und mit dem gleichen Schlüssel jeweils verschlüsselt. Bei Passwörter unter 8 Zeichen entsteht auf diese Wiese für den zweiten Teil ein bekannter "Miracle-Hash", so dass nur noch der erste Teil untersucht werden muss. Deshalb wird ein 8-stelliges Passwort als Mindestgröße vorgeschrieben.

Eine **Chipkarte** (smartcard) zeichnet aus, dass diese über einen Prozessorchip verfügt. Dabei wird zwischen einer kontaktlosen Karte und einer Kontaktkarte unterschieden. Die Architektur einer Chipkarte ist in der ISO 7816 definiert.

Angriffe können dabei auf verschiedenen Ebenen mit unterschiedlichen Zielen erfolgen: Bei Chipkarten kann die Schutzschicht durch Abschleifen bzw. Anätzen leicht durchdrungen werden, gespeicherte Bits sind durch Beschuss mit elektromagnetischer Strahlung (z.B. Blitzlicht) manipulierbar und bei älteren Chipkarten kann der Energieverbrauch oder die benötigte Rechenzeit gemessen werden, um gespeicherte Schlüssel knacken zu können.

Unter **Biometrie** ist die Erfassung und (Ver-) Messung von Lebewesen und deren Eigenschaften zu verstehen. Dabei wird zwischen physiologischen Merkmalsverfahren (Fingerabdruck, Iris-/Retinaerkennung, Gesichtserkennung) und verhaltensabhängigen (Sprachmustererkennung, Schriftdynamikerkennung, Tipprhythmus) unterschieden.

Für den Abgleich mit den aufgenommenen Daten wird ein abgespeichertes Referenzmuster benötigt. Die **Genauigkeit** aktueller Biometrieverfahren ist noch verbesserungswürdig, was an den derzeit relativ hohen Fehlerrate liegt. Dies betrifft sowohl die falsche Akzeptanz als auch die falsche Ablehung, weshalb sich diese Verfahren noch nicht durchgesetzt haben.

Zugleich offenbaren einige Verfahren zusätzliche Informationen (z.B. lassen sich aus der Iris Erkenntnisse über Krankheiten gewinnen), so dass hier datenschutzrechtliche **Bedenken** geltend gemacht werden. Je genauer ein biometrisches Verfahren ist, desto mehr sensible Daten fallen letztlich dabei an. Deshalb verläuft die gesellschaftliche Akzeptanz verläuft meist entgegengesetzt zur Genauigkeit der Verfahren.

5.4.2   Rechteverwaltung

Im Rahmen der **Zugriffskontrolle** ist zu gewährleisten, dass nur berechtigte Nutzer auf ein bestimmtes Objekt zugreifen können. Grundsätzlich kann daher zwischen einer Subjekt-Sicht und einer Objekt-Sicht unterschieden werden:

- Auf welche Objekte (Dateien und Datenträger) darf ein anfragendes Subjekt (Person oder Prozess) zugreifen?

- Welche Subjekte dürfen auf ein spezifisches Objekt zugreifen?

Beiden Fragestellungen liegt eine **Zugriffsmatrix** zugrunde, in die etwaige Leserechte ("r" = read), Schreibrechte ("w" = write) und Ausführungsrechte ("x" = execute) eingetragen werden (in manchen Systemen findet sich darüber hinaus noch eine Kennzeichnung des Eigentümers mit "o" = owner).

In den Zeilen dieser Zugriffsmatrix sind die Subjekte eingetragen, so dass für die erste Frage die einzelnen Zeilen zu betrachten sind. Eine so generierte Liste wird **Berechtigungsliste** (capability list) genannt.

In den Spalten dieser Zugriffsmatrix sind dagegen die Objekte eingetragen, so dass für die zweite Frage die einzelnen Spalten zu betrachten sind. Hier wird die entsprechend erstellte Liste **Zugriffskontrollliste** (access control list) genannt.

	Datei 1	Datei 2	...	Datenträger n-1	Datenträger n
Benutzer 1	{r}	{r,w,x}		{x}	
Benutzer 2	{r,w,x}				{r,w}
...					
Prozess n-1	{r,x}	{r,w}		{x}	
Prozess n		{x}			{x}

Abbildung 79: Beispiel einer Zugriffsmatrix

Prinzipiell werden auf diese Weise entsprechende Zugriffsrechte verwaltet. Damit dies effizienter geschehen kann, werden einzelne Subjekte zu **Gruppen** (user, group, other) bzw. **Rollen** (Administrator, Leitungsebene X, Nutzergruppe Y, Einzelnutzer etc.) zusammengefasst, damit die zu definierenden Regeln noch administrierbar und weniger fehleranfällig sind.

Wichtig bei der **Rechteverwaltung** ist die Beachtung der allgemeinen Konstruktionsregeln (siehe Abschnitt 5.1.1 Allgemeine Konstruktionsregeln) und des Grundsatzes, dass spezifischere Regeln stets vor allgemeineren Regeln zu definieren sind, damit diese überhaupt zur Geltung kommen. Die entsprechenden Eintragungen in die verwendete Zugriffsmatrix sind folglich besonders zu schützen.

5.5   Zusammenfassung

Die Konzeption von IT-Sicherheit hängt von einer Vielzahl unterschiedlicher Bausteine ab. Diese basieren meist auf allgemeinen Konstruktionsprinzipien.

Deren Umsetzung geschieht sowohl im Rahmen der Architektur von IT-Systemen als auch im laufenden Betrieb. Dabei können folgende Abhängigkeiten und Zusammenhänge festgestellt werden:

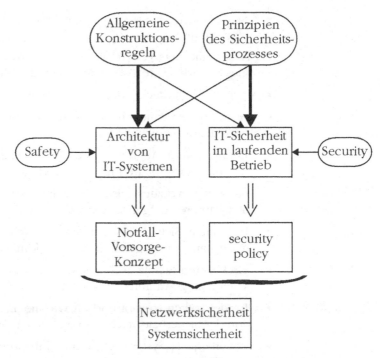

Abbildung 80: Praktische Gewährleistung von IT-Sicherheit

5.5.1   Zusammenfassung: Konstruktion sicherer IT-Systeme

In einer Vielzahl von Sicherheitskonzepten und Standards finden sich folgende allgemeine Konstruktionsprinzipien wieder:

- Sicherheitsmechanismen sollen so einfach wie möglich gestaltet werden,
- der Zugriff auf ein Objekt muss ausdrücklich erlaubt werden, um zulässig zu sein,
- eine Rechteprüfung hat bei allen Aktionen zu erfolgen,
- die Wirkung eines Sicherheitsmechanismus darf nicht von der Geheimhaltung des Mechanismusses abhängen,
- die Rechtevergabe soll vorzugsweise rollenbasiert und unter Ausnutzung des Vier-Augen-Prinzips erfolgen,
- es sollen lediglich die Rechte vergeben werden, die für die Aufgabenbewältigung erforderlich sind,
- verdeckte Kanäle sind bei der Rechtevergabe zu vermeiden und

171

- Sicherheitsmechanismen sollten einfach anwendbar und benutzerfreundlich sein.

Da IT-Systeme stets Verwundbarkeiten aufweisen werden, bedarf es eines Sicherheitsprozesses, der folgende Prinzipien umfasst:

- nur benötigte Rechte dürfen vergeben werden,

- Abwehrmaßnahmen haben sich an den größten Verwundbarkeiten auszurichten,

- Benutzer und Angreifer sind durch einen kontrollierbaren und nicht umgehbaren Kanal zu zwingen,

- es sollten vorzugsweise hintereinander geschaltete Sicherheitsbarrieren aufgebaut werden,

- bei einem Sicherheitsvorfall muss auf einen sicheren Normalzustand zurückgefahren werden können,

- effektiveren Schutzmechanismen ist vor komplizierteren der Vorzug zu gewähren,

- Insider sollten so weit und oft wie möglich an der Konstruktion der Sicherheitsmechanismen beteiligt werden,

- erworbene IT-Systeme sind auf Einhaltung von Zusicherungen zu prüfen und

- im Zweifel sollte man nicht mal sich selbst vertrauen.

5.5.2   Zusammenfassung: Konzeption mehrseitiger IT-Sicherheit

Die Architektur von IT-Systemen ist von der festgelegten Sicherheitsstrategie abhängig, wobei der Schwerpunkt hier die Gewährleistung der Safety ist. Deshalb ist ein zentrales Dokument in diesem Bereich das Notfall-Vorsorge-Konzept, das auf der Grundlage einer Inventarisierung eingesetzter IT-Systeme und der Darstellung ihrer Vernetzung vornehmlich durch die Bereitstellung von Redundanzen einen Ausfall der Technik oder den Verlust von Daten vermeidet.

Das Notfall-Vorsorge-Konzept sollte insbesondere dann, wenn sicherheitskritische Daten verarbeitet werden sollen, in ein Sicherheitshandbuch integriert werden, aus dem sich Sicherheitszonen und zentrale Gestaltungsweisen ergeben. Dabei ist eine angemessene physische Sicherheit zu gewährleisten. Die Planung eines passenden Sicherheitskonzepts setzt meist langjährige Erfahrung voraus, weshalb hier i.d.R. auf externen Sachverstand zurückgegriffen wird.

Die IT-Sicherheit im laufenden Betrieb konzentiert sich vor allem auf die Abwehr von Angriffen auf die Security. Die Konzeption ergibt sich dabei aus entsprechenden security policies und daraus resultierenden Richtlinien und Dienstanweisungen. Da dies mit dem IT-Risikomanagement zu verzahnen ist, müssen Sicherheitsmaßnahmen dafür sorgen, dass Bedrohungen auf ein akzeptables Restrisiko reduziert werden können.

Insbesondere sind im laufenden Betrieb Awareness-Kampagnen vorzusehen. Änderungen am Produktivsystem sollten entsprechende Tests in geschützten Umgebungen mit identischer Konfiguration vorausgehen. Vorgenommene Änderungen an Systemeinstellungen sind zu dokumentieren.

Die Geschäftsleitung ist für die Umsetzung der Konzeption mehrseitiger IT-Sicherheit verantwortlich. Hierzu benötigt sie Akteure, die sie dabei unterstützen. Die IT-Administration trägt dabei die Hauptlast und berücksichtigt die Interessen von Benutzer und Systemersteller. Datenschutzbeauftragte kümmern sich um die Interessen der Betroffenen und IT-Sicherheitsbeauftragte um die der Systembetreiber. IT-Sicherheitsteams dagegen müssen entsprechenden Sicherheitsvorfällen nachgehen und dienen daher den Interessen der Benutzer und Systembetreiber. Die Innenrevision fungiert als internes Kontrollsystem.

5.5.3   Zusammenfassung: Netzwerksicherheit

Zentral für die Gewährleistung der Netzwerksicherheit ist die Kenntnis des ISO/OSI-Referenzmodells, in dem die Architektur offener Systeme beschrieben ist. Die Kommunikation zwischen den einzelnen Schichten und anderen Rechnern erfolgt über Protokolle. Daher wurde eine Sicherheitsarchitektur vorgesehen, die jedoch die systematischen Löcher in den Netzwerkprotokollen, die gewollten Funktionalitäten entsprechen, nicht stopfen können. Zum Management und zur spezifischen Sicherheitsarchitektur wurden daher weitere Standards von der ISO/IEC verabschiedet.

In der Praxis werden zahlreiche Sicherheitsmechanismen eingesetzt. Fast alle Unternehmen setzen Virenscanner ein und betreiben eine Firewall. Bei Virenschutzmaßnahmen ist der Zeitverzug von Erkennen der Signatur bzw. Wirkungsweise bis hin zum Einspielen der entsprechenden Updates zu berücksichtigen. Sämtliche Protokollierungen sind regelmäßig und systematisch zu überprüfen, um unbefugte Zugriffe erkennen zu können. Dies gilt insbesondere für eingesetzte Intrusion Detection Systeme.

Im Zentrum der Netzwerksicherheit steht die Gestaltung der Firewalls, die zur Separation von Netzwerken und der Kontrolle des durchlaufenden Datenverkehrs genutzt werden. Bei der Konstruktion ist zu beachten, dass die Spezialregeln vor Allgemeinregeln greifen und nicht zu viele oder ungewollte Löcher entstehen. Zudem kann eine Firewall durch Tunnel-Techniken umgangen werden, täuschen manche protokollkonformen Datenpakete die Prüfregeln.

In Abhängigkeit vom gewählten Sicherheitskonzept kann daher die Einrichtung einer demilitarisierten Zone (DMZ) erforderlich sein, um etwaige Kompromittierungen stark einschränken zu können. Dennoch kann eine Firewall keine befugten Beeinträchtigungen abblocken.

5.5.4   Zusammenfassung: Systemsicherheit

Zentral für die Gewährleistung der Systemsicherheit ist das zur Anwendung kommende Verfahren zur Authentifizierung. Dies kann über Wissen (z.B. Passwort), Besitz (z.B. Chipkarte) oder Merkmal (z.B. Biometrie) bzw. eine Kombination aus diesen Mechanismen erfolgen. Entscheidend ist die Sicherung einer hohen Fälschungssicherheit und damit die Güte des Authentifizierungsverfahrens.

Bei Passwörtern werden daher sowohl Anforderungen an die Komplexität gewählter Zeichen (Großbuchstaben, Kleinbuchstaben, Ziffern und Sonderzeichen) als auch an der vorgeschriebenen Anzahl zu belegender Stellen gestellt. Chipkarten sind vor unzulässigen Analysen und Manipulationen abzuschirmen. Bei der Biometrie sind die noch vorhandenen Fehlerraten zu reduzieren und entsprechende Bedenken etwa aus datenschutzrechtlicher Sicht zu beachten.

Bei der Zugriffskontrolle ist die Auswahl einer Berechtigungsliste (capability list) von der einer Zugriffskontrollliste (access control list) zu unterscheiden, auch wenn beide Sichten letztlich aus der gleichen Zugriffsmatrix resultieren. Die vorgenommene Verwaltung muss sowohl effizient erfolgen, weshalb Gruppen und Rollen definiert werden können, als auch manipulationssicher, so dass insbesondere die allgemeinen Konstruktionsregeln zu beachten sind.

6 Aktuelle Entwicklungen

Aus der Fülle aktueller Entwicklungen werden zwei generelle Linien aufgegriffen und hierzu markante Vertreter näher untersucht. Dabei wurde Wert darauf gelegt, dass die betroffenen IT-Systeme bereits praktisch erprobt sind.

6.1 Allgegenwärtige Informationstechnik

Informationstechnik wird zunehmend allgegenwärtig (ubiquitous) und alles durchdringend (pervasive). Diese Möglichkeit ergab sich insbesondere aufgrund der erfolgten Miniaturisierung der Informationstechnik, der erheblichen Verbesserung bei der Rechengeschwindigkeit und der Speicherkapazität, sowie der fallenden Preise für die erforderlichen Speichersysteme. Typische Vertreter dieser Entwicklung sind RFID-Systeme.

6.1.1 RFID-Systeme

Zur Nachvollziehbarkeit von logistischen Prozessen sind inzwischen zahlreiche IT-Systeme im Einsatz, die die Radio Frequency Identification (**RFID**) zur funkbasierten, automatischen Identifikation nutzen. Diese Technik wird jedoch auch im Rahmen der Zutrittskontrolle eingesetzt.

Ein **RFID-System** besteht aus einem Transponder, auf dem sich die zu speichernden und ggf. zu übermittelnden Daten befinden, einem Schreibgerät zur Programmierung und Abspeicherung dieser Daten auf dem Transponder und einem Lesegerät zum Auslesen von Transponderdaten.

Für die Zutrittskontrolle reicht ein **Transponder** im Niedringfrequenzbereich (125 – 134 kHz), meist wird jedoch ein Transponder im Hochfrequenzbereich (13,56 MHz) eingesetzt, da dieser mit den Normen ISO/IEC 14443 (identification cards – contactless integrated circuit(s) cards – proximity cards) bzw. ISO/IEC 15693 (identification cards – contactless integrated circuit(s) cards – vicinity cards) korrespondiert.

Somit zählt zu den **Bedrohungen**, denen RFID-Systeme ausgesetzt sind, die Möglichkeit des Fälschens der gespeicherten bzw.

angezeigten Identität, so dass (ggf. durch Duplizieren der Daten auf einen anderen Transponder) ein unbefugter Zutritt erfolgen kann. Darüber hinaus ist das Abhören, Blocken oder Stören der Funkübertragung und die Beeinträchtigung der Verfügbarkeit durch Abtrennen des Transponders vom Trägerobjekt oder durch Deaktivierung des Transponders möglich. Exploits zur Ausnutzung etwaiger RFID-Schwachstellen sind bereits frei verfügbar.

Bei entsprechenden Angriffen können damit auch **datenschutzrechtliche** Belange tangiert werden: Einerseits können gespeicherte bzw. übermittelte personenbezogene Daten ggf. abgehört oder manipuliert werden, andererseits ergeben sich mittels RFID-Transponder u.U. Bewegungsprofile der Träger, die ggf. mittels zusätzlicher Lesegeräte aufgezeichnet werden, wenn die Authentifizierung unzureichend umgesetzt ist. Insofern sind hier Challenge-Response-Verfahren mit gegenseitiger Authentifizierung gefordert (etwa unter Ausnutzung des three-pass mutual authentication protocols nach ISO/IEC 9798-2), was höhere Kosten verursacht. Werden verschiedene Transponder eingesetzt (z.B. in Kleidung und Gegenständen) oder die Nähe zu anderen Transpondern (Kontaktprofil), ergeben sich daraus weitere Informationen über den Träger, die wiederum z.B. für Social Engineering verwendet werden können.

6.2   Technische Konvergenz

Waren früher Informationstechnik und Kommunikationstechnik in Gestaltung und Anforderung getrennt, werden die entsprechenden Techniken zunehmend kompatibel zueinander, werden wechselseitig typische Funktionalitäten auf den jeweils anderen Plattformen ausgeführt. Insofern nähern sich diese beiden Techniken einander an. Ein typisches Beispiel dieser Entwicklung stellt die Internet-Telefonie dar, realisiert durch Voice over IP.

6.2.1   Voice over IP

Zunehmend wird mittels Voice over Internet Protocol (**VoIP**) telefoniert. Dabei werden die Sprachdaten durch entsprechende Datenpakete über das IP übermittelt und hierbei als Signalisierungsverfahren (auf der Applikationsebene des ISO/OSI-Referenzmodells) üblicherweise das Session Initiation Protocol (SIP) bzw. der von der International Telecommunication Union zur Übermittlung von Echtzeitdaten entwickelte Standard H.323 (Packet-Based Multimedia Communications Systems) eingesetzt. Insofern werden bei VoIP Informationstechnik und Kommunikationstechnik miteinander verbunden. Da hierbei bisherige technische Grenzen verschwinden, wird dies als technische Konvergenz angesehen.

Das **IP** ist ein verbindungsloses Protokoll der Netzwerk- bzw. Vermittlungsschicht (Layer 3) nach dem ISO/OSI-Referenzmodell. D.h., der Erhalt von Datenpaketen wird nicht bestätigt, so dass eine höhere Geschwindigkeit bei der Übertragung erreicht werden kann. Jedes Datenpaket wird über einen dynamischen Weg dem Zielsystem nicht notwendigerweise in der richtigen Reihenfolge zugestellt, was bei Telefonie stört. Beim Empfänger werden die angekommenen Datenpakete anhand der im Header mitgesandten Steuerungsinformationen wieder zusammengesetzt und dann die Sprachdaten (möglichst) in chronologisch richtiger Reihenfolge abgespielt.

Da bei VoIP unter Ausnutzung des IP telefoniert wird, sind sämtliche (funktionsbedingte) Schwachstellen des Protokolls auch für **Angriffe** auf entsprechende Anrufe relevant. So kann z.B. eine bestimmte Identität (anhand eingetragener IP-Adressen) vorgetäuscht werden, was gerade für Social Engineering aufgrund der Anzeigen auf den Displays bedeutsam sein kann. Zusätzlich können Registrierungsinformationen (z.B. durch Spoofing des unique resource identifiers) oder Übermittlungsadressen (durch Spoofing der medium-access-control-Adresse) gefälscht werden, so dass Gespräche zu einem bestimmten Kommunikationspartner u.U. permanent auf eine andere Adresse umgeleitet werden (Call Hijacking und Man-in-the-Middle-Attack). Ferner können falsche Besetztzeichen vermittelt werden.

Die im Fernmelderecht verankerte Unverletzlichkeit des Wortes kann durch Sniffing kompromittiert werden. Da ein Angreifer sich als VoIP-Server ausgeben kann, kann dieses sogar mit leichterem Aufwand erfolgen, als dies beim Einbau von Wanzen nötig wäre. Der Einsatz von Verschlüsselungen, mit denen diese verhindert werden kann, kann jedoch zu unerwünschtem Zeitverzug führen. Bei Wireless VoIP besteht bei der Gewährleistung des **Fernmeldegeheimnisses** ein erhöhtes Risiko, wenn nicht der 2004 verabschiedete IEEE-Standard 802.11i mit einer starken Verschlüsselung mittels AES verwendet wird, was diese Kommunikationsform teilweise in der Praxis unattraktiv macht. Leider wird dann auf den weit verbreiteten, aber unsichereren Standard 802.11b ausgewichen, da nicht alle IP-Telefone eine AES-Verschlüsselung unterstützen.

Ungewünschte, massenhaft versendete Nachrichten (SPAM) können wie beim Mail-Verkehr zugestellt werden; dies wird dann SPAM over Internet Telephony (**SPIT**) genannt. Darunter kann die Qualität des Telefondienstes leiden. Auch sind DoS-Attacken (durch SYN-Flooding) und ein Abrechnungsbetrug (z.B. durch Konfiguration eines 0190-Rufzugangs) möglich. Die Verbindungsdaten selbst wiederum fallen unter datenschutzrechtliche Bestimmungen (siehe auch 1.2.3 Schutz des Fernmeldegeheimnisses).

Die Gefährdung verschiedener Aspekte mehrseitiger IT-Sicherheit ist also bei VoIP derzeit relativ hoch. Zur Abwehr sind eine Reihe von **Sicherheitsmechanismen** nötig, die teilweise noch der Verbesserung bedürfen (etwa durch eine entsprechende Anpassung bei IPsec bzw. IPv6). Natürlich sind auch entsprechende Hardware-Lösungen möglich, um den Zeitverzug minimal zu halten. So werden sinnvollerweise Sprachnetzwerk und Datennetzwerk voneinander getrennt und die MAC-Adressen wichtiger VoIP-Anschlüsse (z.B. Server, Gateways und Gatekeeper) statisch in den entsprechenden Switches eingetragen.

6.3 Ausblick

Die Fortentwicklung der Informations- und Kommunikationstechnik führt zu einer permanenten Fortentwicklung mehrseitiger IT-Sicherheit. Es entstehen zusätzliche Anforderungen, die teilweise auch "nur" aus der leicht veränderten Gebrauchsweise oder einer weiten Verbreitung bereits altbekannter Technik resultieren.

6.3.1 Neue Herausforderungen

Wird eine neue Informations- oder Kommunikationstechnik entwickelt, so entstehen stets neue Risiken und **Angriffspotentiale**, zumal bei der Entwicklung Fragen der Safety und Security oft vernachlässigt werden. Das V-Modell XT, in dem diese Aspekte Beachtung finden (siehe auch Abschnitt 2.4.2 Softwareerstellung nach dem V-Modell XT) ist noch kein Standard, der sich allgemein durchgesetzt hat.

So führte z.B. die Einführung drahtloser Kommunikation (**WLAN**) zu neuen Möglichkeiten eines Verlustes an Vertraulichkeit und Zurechenbarkeit, so lange die Access Points nicht alle mittels Challenge-Response-Authentisierungsverfahren gesichert werden.

Die Informations- und Kommunikationstechnik dringt immer mehr in elementare Alltagsbereiche ein. Es ist nur eine Frage der Zeit, bis sich etwa ein Kühlschrank durchsetzt, der selbstständig Milch bei einem vernetzten Einzelhändler ordert, wenn der Bestand unterhalb einer vordefinierten Grenze fällt. Dies wirft neue Probleme bei der **Beherrschbarkeit** von IT-Systemen auf. Da der Einzelne in solchen Fällen nicht mehr jeden einzelnen Schritt nachvollziehen kann, ist mehr Vertrauen aufzubringen oder technisch zu gewährleisten. Dies erfordert einen entsprechenden Einsatz von Trusted Platform Modules.

IT-Systeme werden in zunehmenden Maße auch in **sicherheitskritischen** Bereichen eingesetzt. Beispiele sind Verfahren für das Online-Banking, die Identitätskontrolle der Pässe mit RFID-Komponenten bzw. biometrischen Daten oder die Erhebung, Verarbeitung und Nutzung von Sozial- und Gesundheitsdaten auf der elektronischen Gesundheitskarte nach § 291a SGB V. Bei sensiblen Daten ist eine neue Bewertung notwendig, welche Risiken noch tolerierbar sind. Damit steigen die Anforderungen an die zu gewährleistende IT-Sicherheit. In diesem Zusammenhang sind neue Ansätze bereits erprobter Informations- und Kommunikationstechniken erforderlich oder es werden bisher wenig eingesetzte Techniken durch die veränderte Bewertung rentabel.

Die in den vorangegangenen Kapiteln vorgestellten Methoden und Konzepte mehrseitiger IT-Sicherheit liefern die nötigen Kenntnisse, um diesen zahlreichen Herausforderungen erfolgreich begegnen zu können. Dabei werden die Erfordernisse des IT-Risikomanagements integriert behandelt.

6.4   Zusammenfassung

Zwei wesentliche Entwicklungen im Bereich der Informationstechnik sind ihre zunehmende Präsenz, ohne wirklich aufzufallen, und ihre zunehmende Verschmelzung mit der Kommunikationstechnik. Auch wenn entsprechende IT-Systeme bereits zahlreich in der Praxis eingesetzt werden, greifen auch hier die bekannten Bedrohungen mehrseitiger IT-Sicherheit. Dies wird an zwei Beispielen aktueller IT-Entwicklungen näher untersucht.

6.4.1   Zusammenfassung: Allgegenwärtige Informationstechnik

Zur Nachvollziehbarkeit logistischer Prozesse und im Rahmen der Zutrittskontrolle werden zur funkbasierten automatischen Identifikation RFID-Systeme eingesetzt. Diese bestehen aus einem Transponder, auf dem sich die für den Zweck erforderlichen Daten befinden, einem Schreibgerät, mit dem die Daten auf den Transponder gespeichert werden, und ein Lesegerät, mit dem die Daten ausgelesen werden.

Ein RFID-System ist durch Abhören von Daten (Verlust der Vertraulichkeit), Fälschung von Identitäten (Verlust der Integrität, Zurechenbarkeit und Rechtsverbindlichkeit) und Störung bzw. Funktionsuntüchtigkeit (Beeinträchtigungen der Verfügbarkeit) bedroht. Zusätzlich ergeben sich eine Reihe datenschutzrechtlicher Problemstellungen, die technisch gelöst werden müssen.

6.4.2   Zusammenfassung: Technische Konvergenz

Voice over IP dient der Kommunikation über Informationstechnik. Hierzu wird ein verbindungsloses Protokoll ausgenutzt, das Internet Protocol, so dass zwar eine hohe Übertragungsgeschwindigkeit gewährleistet wird, jedoch keine Quittierung und Priorisierng übertragener Datenpakete. Dies kann zu einem Verlust bzw. der Verzögerung von entsprechenden Sprachdaten führen.

Zugleich unterliegen die entsprechenden Sprachdatenpakete zahlreichen Angriffen, die für gewöhnliche Datenpakete "erprobt" sind. Die Angriffe erhalten teilweise eine neue Qualität, da Identitäten bei Voice over IP authentisch wirken können, ohne dies wirklich zu sein.

Auch hier werden sämtliche Ziele mehrseitiger IT-Sicherheit bedroht. Zusätzlich kann die durch das Fernmeldegeheimnis geschützte Unverletzlichkeit des Wortes und der Verbindungsdaten nur mit erhöhten Sicherheitsvorkehrungen erreicht werden, die teilweise zu Zeitverzögerungen führen. Zugleich muss sich ein Kommunikationspartner zunehmend gegen die Verschmutzung des Kommunikationsverkehrs aufgrund massenhaft versandter unerwünschter Meldungen zur Wehr setzen.

6.4.3   Zusammenfassung: Ausblick

Werden bestehende IT-Systeme in leicht veränderter Form angewandt oder in der Nutzung weitverbreitet, ändern sich oft die Anforderungen mehrseitiger IT-Sicherheit. Neue Entwicklungen bringen stets neue Angriffspotentiale mit sich. Das Eindringen von IT-Systemen in Alltagsbereiche wirft neue Probleme bei der Beherrschbarkeit von IT-Systemen auf. Der Einsatz bekannter und erprobter IT-Systeme in sicherheitskritischen Bereichen führt zu einer höheren Risikobewertung. Dieses Buch liefert die Ansätze, mit denen diese neuen Herausforderungen gemeistert werden können.

Literaturverzeichnis

[Ackermann2005]   Ralf Ackermann und Manuel Görtz: Voice over IP Security. <kes> 2005#5, S. 36-42.

[Amann1992]   Esther Amann und Hugo Atzmüller: IT-Sicherheit – was ist das?. DuD 6/92, S. 286-292.

[Balfanz2004]   Dirk Balfanz, Glenn Durfee, Rebecca E. Grinter und D. K. Smetters: In Search of Usable Security: Five Lessons from the Field. IEEE security & privacy 5/2004, S. 19-24.

[Bernhard2005]   Martin G. Bernhard: IT Security Management nach ITIL. In [Schoolmann2005], S. 93-138.

[Bier2004]   Sascha Bier: Internet und Email am Arbeitsplatz. DuD 5/2004, S. 277-281.

[Bishop2003]   Matt Bishop: Computer Security – Art and Science. Boston, Addison-Wesley, 2003.

[BITKOM2005]   Bundesverband Informationswirtschaft, Telekommunikation und neue Medien: Matrix der Haftungsrisiken. Berlin, BITKOM, 2005, Version 1.1.

[BITKOM2006a]   Bundesverband Informationswirtschaft, Telekommunikation und neue Medien: Die Nutzung von Email und Internet im Unternehmen. Berlin, BITKOM, 2006, Version 1.3.

[BITKOM2006b]   Bundesverband Informationswirtschaft, Telekommunikation und neue Medien und Deutsches Institut der Normung: Kompass der IT-Sicherheitsstandards – Leitfaden und Nachschlagewerk. Berlin, BITKOM, 2006, Version 2.0.

[Bizer2006]   Johann Bizer: Das Recht der Protokollierung. DuD 5/2006, S. 270-273.

[Bock2006]   Wolfgang Bock, Günter Macek, Thomas Oberdorfer und Robert Punsenberger: ITIL – Zertifizierung nach BS 15000 / ISO 20000. Bonn, Galileo Press, 2006.

[Book2006]   Norbert Book und Daniel Rudolph: IT-Sicherheitsmanagement als messbare Dienstleistung. DuD 1/2006, S. 29-32.

[Brandl2004]   Hans Brandl und Thomas Rosteck: Technik, Implementierung und Anwendung des Trusted Computing Group-Standards (TCG). DuD 9/2004, S. 529-538.

[BSI2001]   Bundesamt für Sicherheit in der Informationstechnik: IT Sicherheit auf der Basis der Common Criteria – ein Leitfaden. Bonn, BSI, 2001.

[BSI2004a]   Bundesamt für Sicherheit in der Informationstechnik: Studie zu ISO-Normungsaktivitäten ISO/BPM – Anforderungen an Information Security Management Systeme. Bonn, BSI, 2004.

[BIS2004b]   Bundesamt für Sicherheit in der Informationstechnik: Risiken und Chancen des Einsatzes von RFID-Systemen. Bonn, BSI, 2004.

[BSI2005a]   Bundesamt für Sicherheit in der Informationstechnik: Die Lage der IT-Sicherheit in Deutschland 2005. Bonn, BSI, 2005.

[BSI2005b]   Bundesamt für Sicherheit in der Informationstechnik: VoIPSEC – Studie zur Sicherheit von Voice over Internet Protocol. Bonn, BSI, 2005.

[BSI2005c]   Bundesamt für Sicherheit in der Informationstechnik: Technische Richtlinie Sicheres WLAN. Gau-Algesheim, SecuMedia, 2005.

[CERT2006]   Software Engineering Institute der Carnegie Mellon University of Pittsburgh: CERT/CC Statistics 1988-2006. http://www.cert.org/stats/cert_stats.html (Stand: 01.09.2006).

[Concept2005]   Concept Heidelberg (Hrsg.): FDA-Anforderungen an die cGMP-Compliance. Aulendorf, Edito Cantor, 2005, pharma technologie journal.

[Dadam2004]   Peter Dadam und Manfred Reichert (Hrsg.): INFORMATIK 2004 – Informatik verbindet. Bonn, Gesellschaft für Informatik, 2004, Lecture Notes in Informatics (LNI) – Proceedings.

[Däubler2002]   Wolfgang Däubler: Gläserne Belegschaften? Datenschutz in Betrieb und Dienststelle. Frankfurt/Main, Bund, 2002, 4. Auflage.

[Daum2001]   Thomas Daum: Ausstrahlung des § 91 Abs. 2 AktG auf das Risk-Management in der GmbH. In [Lange2001], S. 423-437.

[Dierks2006]   Christian Dierks: Gesundheits-Telematik – Rechtliche Antworten. DuD 3/2006, S. 142-147.

[Dierstein1997] Rüdiger Dierstein: Duale Sicherheit – IT-Sicherheit und ihre Besonderheiten. In [Müller1997], S. 31-60.

[Dierstein2006] Rüdiger Dierstein: IT-Sicherheit und ihre Besonderheiten – Duale Sicherheit. In [Kongehl2006], Gruppe 3.1.

[Dietrich2005]   Thierry P. Dietrich: Der "Risk-Based Approach" in der pharmazeutischen IT-Praxis. In [Concept2005], S. 45-63.

[Dolle2004]   Wilhelm Dolle: Trusted Computing: Stand der Dinge. <kes> 2004#4, S. 20-23.

[Dornseif2004]   Maximilian Dornseif, Felix C. Gärtner und Thorsten Holz: Ermitt-
                    lung von Verwundbarkeiten mit elektronischen Ködern. In [Fle-
                    gel2004], S. 129-141.

[Eckert2006]   Claudia Eckert: IT-Sicherheit – Konzept – Verfahren – Protokolle.
                    München, Oldenbourg, 2006, 4. Auflage.

[Federrath1997]   Hannes Federrath und Andreas Pfitzmann: Bausteine zur Reali-
                    sierung mehrseitiger Sicherheit. In [Müller1997], S. 83-104.

[Federrath2003]   Hannes Federrath und Andreas Pfitzmann: Technische Grundla-
                    gen. In [Roßnagel2003], S: 61-84.

[Federrath2006]   Hannes Federrath, Thomas Nowey und Klaus Plößl: Rechnersi-
                    cherheit. In [Kongehl2006], Gruppe 3.5.

[Flegel2004]   Ulrich Flegel und Michael Meier (Hrsg.): Detection of Intrusions
                    and Malware & Vulnerability Assessment. Bonn, Gesellschaft für
                    Informatik, 2004, Lecture Notes in Informatics (LNI) – Procee-
                    dings.

[Fox2005]   Dirk Fox: Hash-Funktionen unter Beschuss. <kes> 2005#2, S. 10-
                    11.

[Fuhrberg2000]   Kai Fuhrberg: Internet-Sicherheit – Browser, Firewalls und Ver-
                    schlüsselung. München, Hanser, 2000, 2. Auflage.

[Garfinkel2005]   Simson L. Garfinkel, Ari Juels und Ravi Pappu: RFID Privacy: An
                    Overview of Problems and Proposed Solutions. IEEE security &
                    privacy 3/2005, S. 34-43.

[Gaulke2004]   Markus Gaulke: Risikomanagement in IT-Projekten. München,
                    Oldenbourg, 2004, 2. Auflage.

[Gohdes2005]   Klaus-Dieter Gohdes: Physikalische IT-Sicherheit. In [School-
                    mann2005], S. 155-173.

[Gola2004]   Peter Gola und Georg Wronka: Handbuch zum Arbeitnehmerda-
                    tenschutz. Frechen, Datakontext, 2004, 3. Auflage.

[Hansen2003]   Marit Hansen: Privacy Enhancing Technologies. In [Roßna-
                    gel2003], S. 291-324.

[Heckmann2006]   Dirk Heckmann: Rechtspflichten zur Gewährleistung von IT-
                    Sicherheit im Unternehmen. MMR 5/2006, S. 280-285.

[Heibey2003]   Hanns-Wilhelm Heibey: Datensicherung. In [Roßnagel2003], S.
                    570-599.

[Heidrich2004]   Jörg Heidrich und Sven Tschoepe: Rechtsprobleme der E-Mail-
                    Filterung. MMR 2/2004, S. 75-80.

[Holznagel2003]   Bernd Holznagel: Recht der IT-Sicherheit. München, C.H. Beck,
                    2003.

[IDW2002]   Institut der Wirtschaftsprüfer in Deutschland: IDW Prüfungsstandard: Abschlussprüfung bei Einsatz von Informationstechnologie (IDW PS 330). In [IDW2005], S. 1-31.

[IDW2005]   Institut der Wirtschaftsprüfer in Deutschland: Rechnungslegung und Prüfung beim Einsatz von Informationstechnologie. Düsseldorf, IDW, 2005.

[Illies2005]   Georg Illies und Werner Schindler: Kollisionsangriffe gegen Hash-Funktionen. <kes> 2005#5, S. 58-61.

[Kaiser2005]   Berndt Kaiser und Latifa Yakhloufi-Konstroffer: Sicherheits-Gewinn – Return on Security Investment – Ertrag aus Risiko vs. Aufwand. <kes> 2005#6, S. 23-25.

[Karow2006]   Oliver Karow: Umgehung von Netzwerkfirewalls. hakin9 1/2006, S. 54-65.

[KES1996]   Gerhard Hunnius: Sicherheits-Studie 1996. Ingelheim, SecuMedia, 1996, Sonderdruck aus KES 96/3 und 96/4.

[KES1998]   Gerhard Hunnius: Sicherheits-Studie 1998. Ingelheim, SecuMedia, 1998, Sonderdruck aus KES 98/3 und 98/4.

[KES2000]   Gerhard Hunnius: Sicherheits-Studie 2000. Ingelheim, SecuMedia, 2000, Sonderdruck aus KES 3+4/2000.

[KES2002]   Reinhard Voßbein und Jörn Voßbein: Lagebericht zur IT-Sicherheit. Ingelheim, SecuMedia, 2002, Sonderdruck aus KES 2002/3+4.

[KES2004]   <kes>: Lagebericht zur Informations-Sicherheit. Gau-Algesheim, SecuMedia, 2004, Sonderdruck aus <kes> 2004#4/5.

[Kesdogan2000]   Dogan Kesdogan: Privacy im Internet – Vertrauenswürdige Kommunikation in offenen Umgebungen. Braunschweig, Vieweg, 2000, DuD-Fachbeiträge.

[Knupfer2005]   Jörg Knupfer: Rechtliche Grundlagen der IT-Sicherheit. In [Schoolmann2005], S. 37-52.

[Königs2005]   Hans-Peter Königs: IT-Risiko-Management mit System. Wiesbaden, Vieweg, 2005, Edition <kes>.

[Kongehl2006]   Gerhard Kongehl (Hrsg.), Sebastian Greß, Gerhard Weck und Hannes Federrath: Datenschutz-Management. Planegg, WRS, Loseblattsammlung, Stand Juni 2006.

[Luckhardt2004] Norbert Luckhardt: Aufsichtsbehörden bekennen Farbe. <kes> 2004#4, S. 67-69.

[Lange2001]   Knut Werner Lange und Friederike Wall (Hrsg.): Risikomanagement nach dem KonTraG. München, Franz Vahlen, 2001.

[Lenk1987]   Hans Lenk und Günter Ropohl (Hrsg.): Technik und Ethik. Stuttgart, Reclam, 1987.

[Libertus2005]   Michael Libertus: Zivilrechtliche Haftung und strafrechtliche Verantwortung bei unbeabsichtigter Verbreitung von Computerviren. MMR 8/2005, S. 507-512.

[Lutz2005]   Frank Lutz: Wanze over IP. <kes> 2005#2, S. 58-59.

[Müller1997]   Günter Müller und Andreas Pfitzmann (Hrsg.): Mehrseitige Sicherheit in der Kommunikationstechnik. Bonn, Addison-Wesley, 1997.

[Obert2005]   Thomas Obert: Next Generation Secure Computing Base. DuD 9/2005, S. 521-525.

[Pabel2004]   Jürgen Pabel: Schleichwege durch die Firewall. <kes> 2004#6, S. 58-60.

[Phillips2005]   Ted Phillips, Tom Karygiannis und Rick Kuhn: Security Standards for the RFID Market. IEEE security & privacy 6/2005, S. 85-89.

[Plötner2005]   Johannes Plötner und Steffen Wendzel: Praxisbuch Netzwerk-Sicherheit. Bonn, Galileo Press, 2005.

[Rannenberg1997] Kai Rannenberg, Andreas Pfitzmann und Günter Müller: Sicherheit, insbesondere mehrseitige IT-Sicherheit. In [Müller1997], S. 21-29.

[Rannenberg1998] Kai Rannenberg: Zertifizierung mehrseitiger IT-Sicherheit. Braunschweig, Vieweg, 1998, DuD-Fachbeiträge.

[Rieback2006]   Melanie R. Rieback, Bruno Crispo und Andrew S. Tanenbaum: RFID Malware. IEEE security & privacy 4/2006, S. 70-72.

[Rieger2005]   Holger Rieger: IT-Sicherheit – Risiken und Gefährdungspotenziale. In [Schoolmann2005], S. 19-35.

[Rieß2003]   Joachim Rieß: Datenschutz in der betrieblichen Telekommunikation. In [Roßnagel2004], S. 1019-1051.

[Rohr2006]   Mirco Rohr: Hase und Igel 2006 – Trends bei Malware und ihrer Abwehr. <kes> 2006#1, S. 6-12.

[Romeike2003]   Frank Romeike: Integration von IT Risiken in das proaktive Risk Management. DuD 4/2003, S. 193-199.

[Romeike2004]   Frank Romeike: IT Risk Management vor dem Hintergrund von Basel II und Solvency II. DuD 6/2004, S. 335-339.

[Roßnagel2001]   Alexander Roßnagel, Andreas Pfitzmann und Hansjürgen Garstka: Modernisierung des Datenschutzrechts. Gutachten im Auftrag des Bundesministeriums des Inneren, 2001.

[Roßnagel2003]   Alexander Roßnagel (Hrsg.): Handbuch Datenschutzrecht. München, C.H. Beck, 2003.

[Sachsse1987]   Hans Sachsse: Ethische Probleme des technischen Fortschritts. In [Lenk1987], S. 49-80, überarbeitete Fassung von 1972.

[Sailer1997]   Reiner Sailer und Paul J. Kühn: Integration von Authentikationsverfahren in Kommunikationsnetze unter Verwendung separat sicherbarer Bereiche. In [Müller1997], S. 133-167.

[Saltzer1975]   Jerome H. Saltzer und Michael D. Schroeder: The Protection of Information in Computer Systems. Proceedings of the IEEE 9/1975, S. 1278-1308.

[Schmidl2005a]   Michael Schmidl: Private E-Mail-Nutzung – Der Fluch der guten Tat. DuD 5/2005, S. 267-271.

[Schmidl2005b]   Michael Schmidl: E-Mail-Filterung am Arbeitsplatz. MMR 6/2005, S. 343-348.

[Schneier2001]   Bruce Schneier: Secrets & Lies – IT-Sicherheit in einer vernetzten Welt. Heidelberg, dpunkt, 2001.

[Schoen2005]   Thomas Schoen: Rechtliche Rahmenbedingungen zur Analyse von Log-Files. DuD 2/2005, S. 84-88.

[Schoolmann2005]   Jürgen Schoolmann und Holger Rieger (Hrsg.): Praxishandbuch IT-Sicherheit. Düsseldorf, Symposion, 2005.

[Seibold2006]   Holger Seibold: IT-Risikomanagement. München, Oldenbourg, 2006.

[Sobala2005]   Sabine Sobala und Kathrin Kohl: Haftung von Providern für fremde Inhalte. CR 6/2005, S. 443-450.

[Sommer2004]   Jochen Sommer: IT-Servicemanagement mit ITIL und MOF. Bonn, mitp, 2004.

[Speichert2004]   Horst Speichert: Praxis des IT-Rechts. Wiesbaden, Vieweg, 2004.

[Verdon2006]   Denis Verdon: Security Policies and the Software Developer. IEEE security & privacy 4/2006, S. 42-49.

[Voßbein1999]   Jörn Voßbein: Integrierte Sicherheitskonzeptionen für Unternehmen. Ingelheim, SecuMedia, 1999.

[Voßbein2006]   Reinhard Vossbein: BS 15000 – Neue Impulse für die IT-Sicherheit?. DuD 1/2006, S. 33-36.

[Walsh2005]   Thomas J. Walsh und D. Richard Kuhn: Challenges in Securing Voice over IP. IEEE security & privacy 3/2005, S. 44-49.

[Weck2006]   Gerhard Weck: Sicherheit in Netzwerken. In [Kongehl2006], Gruppe 3.4.

[Weis2005]   Rüdiger Weis und Stefan Lucks: Hashfunktionen gebrochen. DuD 4/2005, S. 219-222.

[Wende2004]   Ingo Wende: IT-Standardisierung – Aufgaben, Positionen und Erfahrungen im DIN. In [Dadam2004], 445 – 449, Band 1.

[Witt2006]   Bernhard C. Witt: Rechtssicherheit – Sicherheitsrecht. <kes> 2006#1, S. 92-96.

[Witt2007]   Bernhard C. Witt: Datenschutz kompakt und verständlich. Wiesbaden, Vieweg, 2007.

[Wolf2000]   Gritta Wolf und Andreas Pfitzmann: Charakteristika von Schutzzielen und Konsequenzen für Benutzungsschnittstellen. Informatik Spektrum 3/2000, S. 173-191.

[Wolf2005]   Christopher Wolf und Erik Zenner: Zur Sicherheit von SHA-1. DuD 5/2005, S. 275-278.

[Zwicky2000]   Elizabeth D. Zwicky, Simon Cooper und D. Brent Chapman: Building Internet Firewalls. Sebastopol, O' Reilly & Associates, 2000, 2. Auflage.

Urteilsverzeichnis

[BAG1986]   Bundesarbeitsgericht: Urteil vom 27. Mai 1986 (Az.: 1 ABR 48/84).

[BAG1987]   Bundesarbeitsgericht: Urteil vom 13. Januar 1987 (Az.: 1 AZR 267/85).

[BAG1994]   Bundesarbeitsgericht: Beschluss des großen Senats vom 27. September 1994 (Az.: GS 1/89 (A)).

[BAG2005]   Bundesarbeitsgericht: Urteil vom 7. Juli 2005 (Az.: 2 AZR 581/04).

[BGH1997]   Bundesgerichtshof: Urteil vom 21. April 1997 (Az.: II ZR 175/95).

[BGH2002a]   Bundesgerichtshof: Urteil vom 4. November 2002 (Az.: II ZR 224/00).

[BGH2002b]   Bundesgerichtshof: Urteil vom 15. November 2002 (Az.: LwZR 8/02).

[BVerfG1983]   Bundesverfassungsgericht: Volkszählungsurteil vom 29. Mai 1983 (Az.: 1 BvR 209, 269, 362, 420, 440, 484/83).

[BVerfG2006]   Bundesverfassungsgericht: Urteil vom 2. März 2006 (Az.: 2 BvR 2099/04).

[LG1990]   Landgericht Ulm: Urteil vom 31. Oktober 1990 (Az.: 5T 153/90-01).

[LG2005]   Landgericht Berlin: Urteil vom 10. November 2005 (Az.: 27 O 616/05).

[OLG2003]   Oberlandesgericht Hamm: Urteil vom 1. Dezember 2003 (Az.: 13 U 133/03).

[OLG2005]   Oberlandesgericht Karlsruhe: Beschluss vom 10. Januar 2005 (Az.: 1 Ws 152/04).

Abbildungsverzeichnis

Stichwortverzeichnis

T

U

V

Sind Sie verantwortlich für die IT-Sicherheit?

In <kes>, der Zeitschrift für Informations-Sicherheit finden Sie, was Sie suchen.

Die Themen in <kes>:

— Hackern ein Schnippchen schlagen – Internetzugang sichern
— Schlüsselerlebnisse – Umgang mit Kryptographie in der Praxis
— Mit Knoten leben – Netzwerke sicher gestalten
— Keine Macken – Betriebssysteme optimieren
— Infektionen vorbeugen – Abwehr von Computerviren
— Grenzenlose Spannung – Sichere Stromversorgung
— Unter Dach und Fach – Rechenzentren als sichere Festung
— Aus erster Hand – Exklusiv-Informationen des BSI

Fordern Sie noch heute Ihr aktuelles Probeheft an unter:

Tel.: +49 6725 9304-0
Fax: +49 6725 5994
E-Mail: vertrieb@secumedia.de
www.kes.info

SecuMedia
Der Verlag für Sicherheits-Informationen

Grundlagen verstehen und umsetzen

Andreas Gadatsch
Grundkurs Geschäftsprozess-Management
Methoden und Werkzeuge für die IT-Praxis:
Eine Einführung für Studenten und Praktiker
4., verb. u. erw. Aufl. 2005. XXIV, 460 S. mit 335 Abb. Br. € 34,90
ISBN 3-8348-0039-2

Gunther Friedl/Christian Hilz/Burkhard Pedell
Controlling mit SAP®
Eine praxisorientierte Einführung - Umfassende Fallstudie -
Beispielhafte Anwendungen
4., verb. u. erw. Aufl. 2005. XXII, 275 S. Br. € 39,90   ISBN 3-8348-0101-1
Überblick über Controlling mit SAP - Durchgängige Fallstudie - Kostenstellen-
rechnung - Produktkalkulation und Kostenträgerrechnung - Ergebnis- und
Marktsegmentrechnung - Konzeptionelle Entwicklungen des Controlling und
ihre Abdeckung durch SAP (SEM, BW) - Vorbereitende Tätigkeiten im Custo-
mizing - Nutzung von Vorlagemandanten

Paul Alpar/Heinz Lothar Grob/Peter Weimann/Robert Winter
Anwendungsorientierte Wirtschaftsinformatik
Strategische Planung, Entwicklung und Nutzung von Informations- und
Kommunikationssystemen
4., verb. u. erw. Aufl. 2005. XVI, 495 S. mit 199 Abb. u. Online Service.
Br. € 29,90   ISBN 3-528-35656-1
Informations- und Kommunikationssysteme in Unternehmen - Informations-
und Wissensmanagement - Controlling der Informationsverarbeitung -
Ganzheitliche Gestaltung von Informations- und Kommunikationssystemen -
Architektur betrieblicher Anwendungssysteme - Methoden und Werkzeuge
zur Entwicklung und Einführung von Software - Informations- und
Kommunikationstechnologie

vieweg

Abraham-Lincoln-Straße 46
65189 Wiesbaden
Fax 0611.7878-400
www.vieweg.de

Stand 1.7.2006. Änderungen vorbehalten.
Erhältlich im Buchhandel oder im Verlag.

Alles über Datenschutz und Datensicherheit

- ▶ **Rechtsprechung**
- ▶ **Technik**
- ▶ **Wirtschaft**

Ihr Nutzen - so profitieren Sie von DuD

- ▶ Ihre Wissensbasis für Datenschutz und Datensicherheit
- ▶ Orientierungshilfen bei Inanspruchnahme von Dienstleistungen
- ▶ Aktuelle Informationen zu rechtlichen und technischen Entwicklungen

Der Inhalt - das lesen Sie in DuD

- ▶ Betrieblicher Datenschutz
- ▶ E-Commerce-Sicherheit
- ▶ Digitale Signaturen
- ▶ Biometrie
- ▶ Aktuelle Rechtsprechung zum Datenschutz

Kostenloses Probeheft der DuD erhalten Sie u
www.dud.de

Vieweg Verlag · Abraham-Lincoln-Straße 46 · 65189 Wiesbaden